Un ouvrage dirigé par Pascale Senk

Suivi éditorial : Manuella Guillot
Maquette : Sébastienne Ocampo
Illustrations : Sung Oh

17, rue du Regard
75006 Paris – France
ISBN : 979-10-285-0212-6

ISALOU BEAUDET-REGEN

LA MAGIE DU MATIN

UN TEMPS POUR CONSTRUIRE LA VIE DONT VOUS RÊVEZ

#magiedumatin

Inclus :
votre journal
de bord et des idées
de petits-déjeuners
toniques à télécharger !
Rendez-vous en dernière
page (voir p. 288).

LEDUC.S
EDITIONS

PRÉFACE

La Promesse de l'aube est le plus beau titre de roman que je connaisse, et je pourrais citer aussi *Tous les matins du monde*. L'aube a toujours été pour moi la promesse d'un nouveau jour et j'ai l'appétit de tous les matins du monde.

Je me souviens de ce bonheur que j'avais enfant à ouvrir les volets de ma chambre pour contempler le lever du jour sur la rade de Villefranche, à celui que je ressentais à l'idée de la journée qui s'offrait à nous, de tout ce qui était à accomplir.

Pourtant, pour la plupart de mes camarades, le matin était une pénitence. Celle de quitter la quiétude du sommeil, la chaleur de son lit pour se préparer à la hâte et partir affronter le quotidien.

Eux couraient après les heures de sommeil et moi après les heures de vie, jusqu'à parfois me lever bien avant l'heure nécessaire afin de gagner du temps sur le temps, que la journée soit plus longue. Là où mes amis faisaient leurs devoirs le soir, fatigués après une journée de cours, je les faisais au petit matin, l'esprit alerte et le corps en appétit.

Cet amour des matins s'est poursuivi à l'âge adulte. Je crois en leur magie, en leurs promesses. À quoi bon attendre le

1er janvier ou notre jour anniversaire pour fêter le renouveau alors que chaque matin est un recommencement ?

Je veux croire aussi que la façon dont nous les abordons change non seulement le cours de nos journées et de nos semaines, mais aussi celui de nos vies, de nos relations avec les autres et même l'harmonie de la cellule familiale.

En voyant les mines défaites de certains de mes amis alors que je les attendais au café du lycée, et qu'ils affichent toujours quand je les retrouve pour un petit-déjeuner, j'ai souvent pensé qu'il faudrait un jour que quelqu'un écrive un manuel des matins, une sorte de guide sur la façon de les vivre pour apprendre à les aimer. Un ouvrage qui nous raconte pourquoi et comment aborder ce moment qui peut être pour chacun une souffrance ou le plus beau moment de la journée.

Lorsqu'IsaLou est venue me parler de son projet, elle ne se doutait pas qu'elle s'adressait à un véritable *aficionado* des matins. Son livre est bien plus qu'un manuel, c'est une petite perle qui peut changer des choses dans nos vies, les rendre plus douces ou plus piquantes selon notre appétence.

Bref, vous l'aurez compris, plongez-vous dans les pages de ce livre et vous découvrirez des merveilles qui embelliront votre quotidien, vous libéreront de la fatigue chronique des mauvaises nuits, de la peur des journées trop longues, et surtout, qui rendront vos matins magiques.

Je vous laisse, l'odeur du petit-déjeuner m'appelle…

Bonne lecture, bonne journée, et surtout, que la vie vous soit belle.

Marc LEVY
Romancier

SOMMAIRE

Ils sont déjà « routiniers » !

« Le monde sourit à ceux qui se lèvent tôt. »
Combien de fois l'avons-nous entendu ?
Des personnalités que vous connaissez
en ont fait leur credo et leur mode de vie.

INTRODUCTION

« Les lois de la nature sont simples, tu sais, ma chérie : lorsque l'on sème du blé, on récolte du blé, on n'a peu de chance d'obtenir une pomme ou une tomate ! C'est pareil pour la vie ! Si tu ne travailles pas chaque jour à semer les germes de celle dont tu rêves, si tu ne travailles pas chaque jour un peu plus à être la personne que tu veux devenir, ça ne viendra pas tout seul comme par enchantement ! C'est juste du bon sens paysan.

Moi je n'ai cessé de concevoir la vie comme un jardin dans lequel il faut semer, arroser et prendre soin chaque jour de ses petites graines. Je suis une vieille dame. J'ai aimé ma vie, j'ai vécu tout ce que j'avais à vivre et fait tout ce que j'avais à faire. Maintenant, je peux partir sereine…

Tu veux écrire un livre ? Et bien fais-le. C'est simple, ma chérie ! **"À qui se lève matin, la vie aide et prête main"**, combien de fois devrais-je te le répéter ? »

C'était sa sempiternelle « incitation à », une devise devenue sa dernière transmission, là, sur son lit d'hôpital, son ultime donation à quelques jours de son dernier matin. Elle venait de subir une lourde opération. Trop lourde. Pour elle, c'était simple : si l'on a le désir de faire quelque chose, alors on trouve les moyens de le réaliser, et hop, action ! Comme n'importe quelle fille, je me plaignais sans arrêt auprès de ma mère de ne pas parvenir à faire dans une journée tout ce dont j'avais envie. « Je suis débordée maman, vraiment ! » Avec un petit sourire en coin, et l'incroyable énergie de vie qui l'aura caractérisée jusqu'à son crépuscule, elle me répliquait : « Le temps, c'est à toi de le trouver. Et si tu décidais de devenir matinale, ma chérie, et de te lever avant les premiers rayons du soleil, tu pourrais peut-être y arriver ! »

Ma petite maman est partie, en confiance, paisible, sûre d'elle et courageuse, ayant accompli durant sa vie tout ce qu'elle désirait.

Elle s'était levée tôt chaque jour : elle savait de quoi elle parlait.

« À qui se lève matin, la vie aide et prête main », cette maxime a longtemps résonné dans ma tête sans que je puisse me l'approprier réellement. Car même si j'étais intimement persuadée qu'elle avait raison, même si j'avais toujours été séduite par l'image de ces aurores soi-disant idylliques, évoquées par les inconditionnels du lever dès potron-minet, il y avait comme un hic : je n'étais pas franchement ce que l'on pouvait appeler une « lève-tôt ». Loin de moi cet amour des cache-cache entre la lune et le soleil ! À Bali, pourquoi pas, je pourrais savourer ces beautés célestes, mais coincée dans les embouteillages ou dans une rame de RER, c'est nettement plus difficile de se laisser absorber et guider par les cycles de la nature.

Le matin a toujours été une énigme pour moi. Comment l'aimer alors qu'objectivement, le côté « redémarrage de la machine » est, à vrai dire, assez désagréable ? Se réveiller de bonne heure, surtout l'hiver, est quand même un exercice de style ! Si pour certains, il est vécu comme une renaissance légère et enjouée, pour moi, il a longtemps été synonyme de douleur et d'accouchement fastidieux. La sonnerie stridente du réveil, la difficulté à ouvrir les yeux, la reconnexion à la réalité avec, en toile de fond – adolescente –, les interros (surprises !) du lycée ou, plus tard – adulte –, les solutions toujours plus complexes à trouver pour payer certaines factures… Rien ne m'encourageait à changer mon rapport au matin !

> *Une seule et même question : « Comment et pourquoi tu te lèves ? »*

Pourtant ce drôle d'« animal » fabuleux m'a tellement interrogée qu'il y a quelques années, je me suis lancée dans une folle aventure : demander à 365 personnes, comme autant de jours dans l'année, comment elles vivaient, appréciaient, se servaient et domptaient ce fameux « matin ». Pendant un an, j'ai interviewé et filmé toutes les personnes que je croisais en leur posant une seule et même question : « Comment et pourquoi tu te lèves ? » SDF, artiste, banquier, chauffeur de taxi, professeur, étudiant, retraité, cultivateur, célébrité… Ma caméra était devenue un prolongement de moi-même, nous ne nous quittions plus. Toute occasion, toute rencontre et tout lieu devenaient un prétexte ; la rue, le supermarché, un voyage en avion, en train, un trajet en métro, à la fin d'un rendez-vous, en pause à la terrasse d'un café, au cinéma, au restaurant, et même à l'arrêt d'un feu rouge… J'ai donc réalisé 365 interviews publiées sur mon blog **www.365mornings.com**. Puis ce blog s'est transformé en chronique matinale sur France Inter le temps d'un été. Tous ces témoignages évoquant différentes façons de se lever, de se mettre en mouvement et de profiter du matin m'ont profondément inspirée. Je ne remercierai jamais assez celles et ceux qui m'ont fait l'honneur de me confier leurs rituels matinaux et partager leurs recettes de bien-être.

À cette époque-là, je me levais à la dernière minute, avec toujours cette même envie d'exploser le réveil contre le mur, de l'écraser d'un bon coup de marteau, de le noyer ou de le faire voler loin loin loin dans une autre galaxie !

Et après c'était l'enchaînement : de la douche au départ de la maison, je courais en permanence entre la cuisine pour commencer mon thé, la salle de bains pour me maquiller, et le dressing pour choisir la couleur du chemisier du jour. Tout ça, le smartphone greffé à la main pour vérifier mes mails ou mes messages Facebook®… Aucune marge de manœuvre ! Et surtout aucun gage de réussite puisqu'il m'arrivait parfois de filer en trombe à mes rendez-vous mal coiffée, à peine maquillée, mon mug de thé à la main…

Dans une série télé américaine, cette image pouvait faire rêver : la *superwoman*, blonde et *successful*, que l'on pourrait croiser dans les rues de la Big Apple ou de LA, son *tumbler* Starbucks® sous le bras. Dans la vraie vie, ça coule quand même un peu sur les doigts…

Comment 60 jolies minutes m'ont fait reprendre ma vie en main !

Puis je me suis mariée avec un 007 de l'aurore. L'inimaginable antithèse ! Lui, mon homme, adopte chaque matin une tendance radicalement inverse. Costume toujours impeccable et chaussures luisantes, il arrive à ses rendez-vous sourire aux lèvres, l'humeur égale, préparé, coiffé, briqué, alors qu'il vient tout juste de courir un jogging de dix kilomètres, traiter ses mails, faire – si nécessaire – sa revue de presse, ranger la maison, et se mitonner un bon petit-déjeuner de *winner* en mode survitaminé ! Tout ça à l'heure où Paris sommeille encore !

Il y avait alors une grande différence entre mon James Bond et moi : lui est irrémédiablement matinal ! Et, de ce fait, le monde lui sourit !

À force de vivre à ses côtés et de l'observer, je me suis rendu compte jour après jour à quel point se lever tôt lui donnait de l'avance sur tout, lui permettant de gagner le Grand Chelem famille, carrière, loisirs, amis, etc. Cela lui paraissait tellement facile. Mais surtout, il réussissait à vivre ce qui me manquait en permanence : un vrai temps pour MOI, rien qu'à MOI ! En maîtrise, mon 007. Il assure.

Moi, je ne faisais pas dix kilomètres chaque matin mais je courais tout le temps à contretemps, ou pire, avec un temps de retard. Le constat était là : une matinée spacieuse et « productive » pour soi semblait appeler une journée, voire une vie, similaire. C'est un état d'esprit.

Mais comment réussir à se lever tôt comme il le faisait ?

J'ai alors trouvé une astuce extraordinaire qui a changé ma vie : avancer mon réveil d'une heure ! Juste une heure ! Ou comment soixante jolies petites minutes m'ont fait reprendre ma vie en main et devenir grande !

La Magie du matin lève le voile sur les pouvoirs extraordinaires du matin. Elle est le fruit de ce parcours de transformation que je me suis approprié jour après jour, au fil de rencontres, témoignages et échanges avec différents « experts » et personnalités qui ont « réussi », de nombreuses lectures inspirantes, de recettes des uns, de musiques des autres, de chansons positives, etc. D'une « couche-tard », je suis devenue « lève-tôt », ce qui relève pour moi presque d'une mutation !

> ***Le secret ?***
> ***Les « routines matinales »,***
> ***des habitudes qui font***
> ***toute la différence***

Le secret de la réussite assurée ? Les « routines matinales » : des habitudes vraiment efficaces qui font toute la différence et vous font entrer dans le club très privé des lève-tôt.

Je ne remercierai jamais assez Dame Nature pour ses magnifiques ciels colorés admirés au gré de joggings matinaux et/ou de sessions d'écriture, pour ses naissances et renaissances quotidiennes, instantanés d'émerveillement, qui m'ont permis d'y arriver avec bonheur !

Et pour rien au monde je ne reviendrais en arrière. Pour rien au monde, je ne raterais cette magie du matin avec ce sentiment que tout devient possible. Parce que, depuis, non seulement j'ai réussi à écrire ce livre, mais je me suis également reconnectée à ma spiritualité en méditant quelques minutes avant de quitter la maison, tout en réussissant à garder le rythme de mon entraînement de *running* pour le prochain semi-marathon.

Et croyez-moi, si j'y suis arrivée, tout le monde peut le faire !

Vous lever de BONHEUR vous tente également ?
Alors rejoignez vous aussi le mouvement

#SeLeverDeBonheur

La MAGIE du MATIN

#magiedumatin

YouTube La MAGIE du MATIN

Partie 1

#matin

Le matin, un moment unique et privilégié (paraît-il)

1,2,3, SOLEIL !

Le premier oiseau chante, et chaque matin c'est la même histoire partout, la même répétition naturelle. Que l'on vive à Los Angeles, Paris, Katmandou, Pékin ou Auckland, le soleil se lève, le jour apparaît, et la lune, avec ses nuits tantôt étoilées et rêveuses, tantôt sombres et agitées, recule et disparaît. Au revoir les cauchemars, les peurs du noir et les prédateurs nocturnes. Bonjour la lumière, la sécurité et la chaleur.

Bonjour Soleil, indispensable disque de vie !

Le Soleil : on pourrait parfois oublier son importance dans nos vies tellement déconnectées de notre terre nourricière, mais il est source de tout. Sans lui, sans cette étoile vieille de presque cinq milliards d'années, aucune vie terrestre n'aurait pu se développer. Il est au centre de notre système planétaire. Notre bonne vieille Terre comme les autres planètes tournent autour de lui. Il est l'énergie première et le point de départ de tout mouvement.

Les anciens de l'Antiquité le savaient bien. Aux quatre coins du globe, ils n'avaient de cesse de le contempler, de l'honorer et de vénérer sa puissance. Astronomes ou astrologues étudiaient sa course dans le ciel.

Dans l'Égypte ancienne, le soleil était particulièrement idolâtré et plusieurs dieux le représentaient, notamment Râ, que l'on appelle aussi Rê, Amon, Aton, Horus (la lumière) ou Sekhmet. Selon cette mythologie, Râ avait un ennemi : Set (les ténèbres, la nuit). Chaque matin, quand le soleil apparaissait, Horus, la lumière, gagnait le combat contre Set, la nuit. Chaque soir, inversement, Set faisait plier Horus et régner l'obscurité. Ainsi, notre représentation du monde s'est construite sur cette métaphore de l'adversité entre l'ombre et la lumière.

Le soleil est symbole de renaissance et de renouveau, et chaque matin, il réveille notre spiritualité et ce, quelle que soit notre religion. Les mains en offrande, tournées dans sa direction, il est au cœur de nos prières matinales.

Dès les premiers rayons de lumière, les bouddhistes orientent leur pensée par une grande et profonde respiration consciente, inspiration, expiration, et une ouverture de l'esprit vers une bienveillance à cultiver tout au long de la nouvelle journée qui commence. Les chrétiens, quant à eux, peuvent se recueillir sur le poème de louange de saint François d'Assise *Le Cantique de frère Soleil*. Les juifs pratiquent dès l'aurore *L'étincelle du matin*, prière du *Modé Ani* qui signifie « Je te remercie ». Pour les musulmans, les prières suivent aussi le rythme du soleil. La première – *Al Fajr* – signe la dévotion envers le Prophète, et les place sous sa protection pour la journée. En Inde, enfin,

Sūrya est le dieu-soleil des Veda, représenté à la tête d'un char tiré par des chevaux célestes comme Apollon dans la mythologie grecque.

Aujourd'hui encore, pour de nombreux yogis et amateurs de yoga, la salutation au soleil levant demeure LE rituel matinal incontournable. En sanskrit, cette salutation se dit *Sūrya Namaskar*, *Sūrya* signifiant « soleil », « source de vie », et *Namaskar* « salutation ». Cette posture est effectuée en l'honneur du soleil et en remerciement, le dieu-soleil étant censé apporter à ceux qui la pratiquent santé et prospérité, et à la Terre, énergie.

On pourrait continuer à développer cette adoration au soleil auprès de nombreuses autres civilisations, comme les Samoyèdes, peuple semi-nomade de Sibérie, qui considéraient le soleil et la lune comme les yeux du ciel (appelé *Num*). Le soleil était l'œil du bien, et la lune l'œil du mal. Citons aussi les Perses, les indiens Sioux, les Incas, les Aztèques, etc.

> *Chaque matin,*
> *le soleil est symbole*
> *de renaissance*
> *et de renouveau*

Christophe André

PSYCHIATRE, PSYCHOTHÉRAPEUTE ET AUTEUR*

Images du matin

Un tout petit soleil fragile qui se lève à l'horizon, qui commence à percer avec des nuances de rouge, et à amener l'espoir à tout être vivant...

Alouette ou chouette ?

J'ai de la chance, je suis du matin comme on dit. Il est même fréquent que je me lève avant le soleil ou en même temps que lui.

Réveil

En général, je me lève vers 6 h-6 h 30. J'essaie de ne pas me lever plus tôt, mais ça m'arrive quand même parfois... Pendant ces moments qui précèdent le début du temps de travail « officiel », c'est un temps pour moi de tranquillité absolue, sans coups de fil ni sollicitations extérieures. C'est un temps de lien avec moi-même pour mettre l'esprit en route, essayer de me mettre sur les bons rails du calme, de l'ouverture, de la sérénité, du recul. Cet espace pendant lequel je suis centré sur moi me permet aussi et surtout de me centrer sur ce qui est important dans la vie. Il y a comme une petite jubilation d'être un veilleur. Il y a aussi une satisfaction d'ordre biologique : être au rythme du soleil. Ne pas profiter de la lumière du jour serait une faute morale, presque irrespectueuse.

.../

* Christophe André est médecin psychiatre à l'hôpital Sainte-Anne (Paris). Il est l'auteur de nombreux best-sellers dont *Imparfaits, libres et heureux* (prix *Psychologies Magazine* 2006), et *Méditer jour après jour* (L'Iconoclaste). Retrouvez-le sur son site www.christopheandre.com et son blog www.psychoactif.blogspot.fr

/...

Quelle motivation pour se lever ?

Je me lève tôt pour avoir un temps de mise en ordre, de préparation de l'esprit pour la journée. Les motivations sont multiples, et varient selon les moments de ma vie : certains matins, ma motivation, c'est de faire mon boulot d'être humain, de père, de conjoint, de médecin, d'auteur... Et d'autres matins, ce sont plus des motivations joyeuses, de choses à accomplir, réjouissantes ou utiles pour les autres. C'est mon métier qui me porte. Je me dis : « C'est important que tu le fasses. Ça va faire du bien aux gens ! »

Routines

Des mouvements d'éveil avec :

- du yoga très simple, pendant environ dix minutes ;
- une séance de méditation d'environ vingt minutes ;
- un moment de prière. Je ne prie pas forcément tous les matins mais régulièrement. Je remercie pour les grâces reçues, et je demande pardon pour les fautes commises. Enfin, je demande de l'aide pour d'autres personnes ou pour moi.

Chaque fois que je le peux, je vais à la fenêtre, parfois dans le jardin, et j'essaie de regarder le ciel de l'aube. J'aime beaucoup le ciel en général. J'aime bien regarder à quoi ressemblent les premières lueurs du jour.

Après, je descends pour être avec mes filles, leur presser leur jus d'orange, préparer le café pour mon épouse, et bavarder avec tout le monde.

Les grâces reçues. Je fais mon boulot d'être humain ! .../

/...

Petit-déjeuner

Au petit-déjeuner, je mange une banane écrasée avec un jus de citron et du thé. Ou alors une pomme et un jaune d'œuf battu dans un café avec un peu de sirop d'érable. Je n'ai pas d'appétit le matin, mon corps me dit qu'il n'a pas faim. Je me contrains donc un peu à manger, sauf dans les périodes de jeûne.

Impact

Je ne raisonne pas, que ce soit *a priori* ou *a posteriori*, en termes de « temps gagné » sur le plan quantitatif, mais qualitatif : le plus souvent, je ne consacre pas ce temps de lève-tôt à travailler à l'un de mes métiers (médecin ou écrivain) mais à travailler à mon équilibre intérieur ! De ce fait, sans doute que ce temps passé me fait ensuite mieux travailler dans la journée, me rend plus stable émotionnellement, m'aide à être plus concentré, plus « productif », mais c'est très difficile à chiffrer. Sous la torture, je dirais que le rendement est sans doute très bon : une heure que je me consacre en me levant plus tôt doit facilement être « rattrapée » dans la journée, et même « rentabilisée » (m'en faire gagner deux) en me permettant de raisonner plus vite, de ne pas m'égarer à cause de mes émotions ou de ma distraction, etc.

Accueillir la lumière en soi

Nous l'avons compris, de près comme de loin, nombreux sont les mythes ou les religions qui viennent de cette adoration envers l'astre lumineux. D'ailleurs, dans leur très sérieux *Dictionnaire des symboles**, Jean Chevalier et Alain Gheerbrant y consacrent certainement le plus de pages ! « L'astre du jour situe donc l'être dans sa vie policée ou sublimée, il figure le visage qu'offre sa personnalité dans ses plus hautes synthèses psychiques, au niveau de ses plus grandes exigences, de ses aspirations les plus élevées (...) Il représente aussi cet être dans ses fonctions réalisatrices (...) : dans le succès vécu comme une augmentation de valeur personnelle ; au faîte de sa réussite (...) »

Peut-être un peu obscur, mais comment ne pas comprendre ici le sous-entendu : le matin, imitez le soleil ! Levez-vous et soyez lumineux et rayonnant ! Il ne s'agit pas d'une béatitude grossièrement naïve, ni d'une mise en mouvement héroïque comme celle de Sylvester Stallone dans *Rocky I* courant dans les rues fraîches et désertes de Philadelphie pour finir par monter, triomphalement, les marches d'un musée d'art, armé d'un superbe jogging gris ! Non, on nous incite juste ici à nous lever bien dans nos baskets.

Parce que le soleil, comme nous venons de le voir, dans toutes les cultures, c'est le BIEN absolu. Alors, plutôt que de le laisser se lever et briller seul avant nous – surtout en hiver –, et si nous prenions rendez-vous avec lui pour l'accueillir comme il se doit ?

---

* Robert Laffont, 1997.

DRiiiiiiiNG, C'EST L'HEURE !

Et vous, comment vous levez-vous ?

Au temps de nos grands-mères, le réveil était simple ; dès l'apparition des premiers rayons du soleil, le coq du village se mettait à chanter et c'était parti pour la journée ! Ni doucereux, ni pacifique, ni vraiment sensuel… mais il faut dire que le réveil en douceur est une invention très récente. Nous nous levions naturellement avec le chant du gallinacé – Platon aurait pourtant, selon une légende, inventé le premier réveil 400 ans avant notre ère... Puis, ce fut le tour des « guetteurs », ces hommes qui se relayaient la nuit pour nous protéger des ennemis dans nos cités endormies… et qui nous réveillaient vigoureusement au clairon ou en sonnant les cloches : « Sonnez les matines ding daing dong »… À noter aussi que l'heure, dans ces temps anciens, ne rythmait pas le temps de travail mais le temps religieux. La religion ordonnait tout. Notre bonne vieille horlogerie mécanique apparut dans les villes vers la fin du XIIIe siècle mais, comme toutes nouvelles inventions, seuls les plus aisés pouvaient en posséder. Puis un prototype de réveil aurait été développé aux États-Unis au XVIIIe siècle.

C'est un horloger français, Antoine Redier, qui fut le premier à déposer le brevet du réveil réglable que nous connaissons aujourd'hui. Cocorico ! Grâce à la production de masse de réveils de cuisine, le réveil personnel se répandit à la Belle Époque, dès la fin du XIXe siècle. Celui-ci étant toujours trop cher pour les plus démunis, la solution des *knocker-uppers* se développa en Angleterre et en Irlande pendant la révolution industrielle, et jusque dans les années 1920. Un métier en général exercé par des femmes ou des personnes âgées qui allaient frapper à la fenêtre des ouvriers pour les sortir du lit. Enfin, depuis 1950, juste après guerre, la crainte de ne pas se réveiller a fait petit à petit place à l'envie de le faire le plus en douceur possible. Et nous y voilà !

Aujourd'hui, on fait fi du soleil, du coq, du guetteur ou du clairon : on programme soi-même son réveil avec une sonnerie personnalisée à télécharger, la radio, de la musique ou, pour les plus bobos ou les plus avant-gardistes d'entre nous, un simulateur d'aube qui recrée la lumière naturelle progressive. C'est l'explosion aussi des réveils intelligents et même olfactifs qui diffusent, pour nous réveiller, une odeur de vanille, de menthe, de fraises Tagada, de croissants chauds… ou même de dollars ! Incroyable, non ? C'est la géniale idée de Guillaume Rolland, jeune et talentueux ingénieur français d'à peine 30 ans, qui a créé sa start-up, SensorWake, pour des réveils « en douceur et sans bruit ».

D'après une étude qu'il a réalisée, Thomas Barret, fondateur de The Morning Company, s'est mis à vouloir réenchanter le matin des trois Français sur quatre qui qualifient le réveil comme « un moment difficile ». Il a alors lancé une ligne d'accessoires haut de gamme, comme d'élégants rasoirs, des brosses à dents design, des pochoirs en forme de cœur pour des toasts joliment dorés, etc.

Le matin en douceur est décidément une nouvelle source d'inspiration et un nouvel eldorado marketing !

QUELQUES CHIFFRES EN VRAC SUR NOS MATINS*

6 h 49. C'est l'heure moyenne à laquelle se réveillent les Français tous les matins. (Comparée à la Suède, l'Inde ou l'Allemagne où plus de la moitié de la population se lève bien avant 7 h du matin, la France se révèle un pays de lève-tard.)
7 heures de sommeil en moyenne par nuit en semaine pour les Français (contre 6 heures pour les Japonais), et 8 heures le week-end... contre **9 heures** environ il y a cent ans ! (On dort moins qu'avant la Fée Électricité !)
60 % des Français prennent une douche le matin (plus que tous les autres pays hormis l'Inde, 73 %).
16 minutes de toilette pour les femmes contre **12 minutes** pour les hommes (sauf le mien !).

.../

* Charles de Saint Sauveur, « On se lève tous à 6 h 49 », *Le Parisien*, 27 mars 2004, selon une étude de Médiamétrie.
Life at home, étude réalisée par *the business intelligence agency* United Minds pour les magasins suédois IKEA, et menée dans sept villes (Berlin, Londres, Bombay, Paris, Shanghai, Stockholm et New York) sur un panel de mille personnes par ville.
Fabrice Mazoir, *Trajet domicile-travail : 77 % des salariés prennent leur voiture*, enquête réalisée par RegionsJob, 7 octobre 2014.

/...

70 % des Français prennent leur petit-déjeuner chez eux (chiffres en baisse... pas le temps !).
8 % font l'amour.
30 % des Français pensent au petit baiser du matin avant de partir (alors que 80 % pensent que c'est important !). Contre 50 % des Suédois.
1 h 14 en moyenne est nécessaire pour se préparer, petit-déjeuner et partir travailler.
77 % des salariés français prennent leur voiture pour leur trajet domicile-travail, **20 %** les transports en commun. (Un Francilien de la Grande Couronne passe 2 h 30 par jour, soit trois semaines par an dans les transports.)
23 minutes de transport : c'est la moyenne française pour se rendre au bureau (soit une semaine par an).

Donc, vers 7 h du matin en moyenne, cheveux en bataille et visage chiffonné par l'oreiller, nous posons majoritairement un premier pied par terre, et passons de la position « couchée » à la position « assise », voire « debout » direct sur le pont !

Anne Hidalgo

MAIRE DE PARIS, MÈRE DE FAMILLE ET FEMME ENGAGÉE

Images du matin

C'est être en forme, être d'attaque et aller à la conquête du jour !

À quelle heure Paris se réveille-t-elle ?

En fait, Paris ne dort pas vraiment. C'est une ville qui vit et travaille aussi la nuit. Il y a les hôpitaux, les gens qui circulent, d'autres qui patrouillent, etc. Mais Paris se réveille plutôt vers 5 h 30-6 h du matin, un peu comme la chanson de Jacques Dutronc, *Il est cinq heures, Paris s'éveille*... C'est le début de l'activité du métro et de son ronronnement, le début aussi des services publics, des commerçants qui partent à Rungis ou qui en reviennent...

Réveil

Je me lève à 6 h 15 tous les matins avec mon téléphone portable qui me sert de réveil et que je n'éteins jamais parce que je dois pouvoir être mobilisée à tout moment, jour et nuit. Assez vite, c'est debout, douche, radio ! Puis petit-déjeuner avec mon mari.

Petit-déjeuner

Le petit-déjeuner, c'est du thé, deux tartines beurrées. C'est assez léger, mais ça me va bien, c'est un moment que je partage en famille... Ça me permet d'être en forme.

.../

/...

Rituel

C'est *Le Parisien* ! Mon petit moment du matin, c'est mon thé, *Le Parisien* et mes tartines ! Parisienne jusqu'au bout !

Si j'avais une baguette magique

Qu'est ce que j'aimerais changer à Paris ? J'aimerais que ce soit le printemps tous les matins ! Quand il y a cette douceur dans l'air, le début d'une jolie clarté, on entend les oiseaux... Il y a un petit air qui vous invite à passer la journée dehors. J'aimerais que tous les matins soient des matins où l'on commence à voir arriver le printemps ! Voilà Madame la fée !

Enrayer la fuite du temps

« Je suis en retard ! En retard ! En retard ! » Comme pour le lapin blanc d'*Alice au pays des merveilles*, qui court dans tous les sens, pour la plupart d'entre nous, ceux qui ont la chance d'avoir un travail, c'est le *rush*, le stress et les journées qui s'enchaînent, fidèles à la célèbre formule « métro-boulot-dodo ». Pour d'autres, les nouveaux auto-entrepreneurs, les travailleurs indépendants, les demandeurs d'emploi… et tous ceux qui doivent, à nouveau, se créer leur propre cadre d'organisation sans patron au-dessus de leur tête, c'est une difficulté inverse : l'angoisse consiste à réussir à se lever le matin, et à rester dans le mouvement et la course comme les autres ! Et là, unique solution, s'accrocher comme une huître à son rocher au fameux *self-help* : « Aide-toi, le ciel t'aidera ! » Pas si facile. Il faut déjà être sacrément costaud. D'autant que les temps actuels ne sont pas si réconfortants. Pris en étau entre les courbes du chômage en augmentation, les crises financières et sociales, les problèmes environnementaux, l'angoisse des frappes terroristes… nous pouvons très légitimement nous sentir dans une curieuse et dangereuse chevauchée qui nous échappe, comme si nous étions, sans le savoir, en équilibre « sur le dos d'un tigre »*, pour reprendre une image de Friedrich Nietzsche, philosophe et poète allemand.

C'est bien de cela dont il s'agit : une inconfortable et désagréable sensation que notre vie nous glisse entre les doigts, sans réelle maîtrise, ni vraie conscience, ni grande ambition. Ce qui peut, petit à petit, rendre une vie bien triste, dominée par la démission ou la peur, dans et pour laquelle on a baissé

---

* *Vérité et mensonge au sens extra-moral*, 1873.

les bras, abandonné ou, pire, oublié tout ce qui nous faisait rêver, foncer ou espérer.

Bonheur, argent, amour, santé : c'est toujours distrayant de voir ce qui nous attend dans les horoscopes en fin de magazines. On en sourit, et au fond, on est convaincu que, de toute façon, on ne peut pas tout avoir dans la vie. On se dit que la réussite et le bonheur sur tous les plans, ce n'est pas vraiment pour nous. Lucides et réalistes, on se dit qu'on ferait mieux de garder les deux pieds sur terre ! Ou alors, si l'on a quand même envie de rêver un peu, on se dit que ce sera pour demain, ou plus tard, quand on aura fait ceci ou cela, ou quand telle ou telle situation aura évolué…

Mais chaque nouveau matin, on commence et on recommence à se bringuebaler sans maîtrise sur le dos de ce fameux tigre. Un matin, plus un autre, plus un autre encore, puis X autres nouveaux matins, pour finir au bout du compte à ne pas avoir sérieusement mis en place l'accomplissement de notre ambition ou de nos rêves, et sans avoir compris suffisamment tôt qu'un matin additionné à tous les autres, cela finit, en somme, tout bonnement, à une vie entière !

À ce rythme-là, **1 matin + 1 matin + 1 matin = ?**

Quelle que soit votre réponse, on s'accorde tous à dire que l'on ne veut pas finir un jour amers et emplis de regrets, à penser que notre vie appartient au passé… N'est-ce pas ?

IL Y A URGENCE À PENSER À SOI

#TempsPourSoi

« Encore un matin, un matin pour rien
Une argile au creux de mes mains
Encore un matin, sans raison ni fin
Si rien ne trace son chemin… »

On se souvient tous de cette chanson des années 1980 de Jean-Jacques Goldman, et de cette « argile » à la fois très enivrante et très angoissante qui pose la grande question de notre libre arbitre, cette liberté absolue que nous avons de pouvoir choisir et d'être à l'origine de nos actes.

On se lève tous pour FAIRE. Certes, mais pour faire quoi au juste ?

NAIMA, COIFFEUSE*
« Je ne sais pas ! Je me lève parce que je me lève ! Il n'y a pas de raisons particulières... »

RAPHAËL, PLOMBIER
« Pour aller travailler bien sûr, quelle question, j'ai une famille à nourrir, ça paraît logique de se lever pour aller gagner son pain ! »

ANNAÏK, CONSULTANTE
« Parce qu'on ne peut pas rester au lit toute la journée ! »

BENJAMIN, ÉTUDIANT
« Parce que je n'ai plus envie de dormir ! Et parce que, sinon, j'ai l'impression de perdre mon temps ! »

FLORENCE, COIFFEUSE
« Parce que ma fille est réveillée alors je dois m'en occuper, et puis il faut bien aller au boulot ! C'est zarbi comme question ! »

JEAN-CLAUDE, P.-D.G.
« Parce que je ne sens pas que ma vie est dans mon lit... et qu'il faut bien gagner sa vie ! »

SOPHIE, COMPTABLE
« J'ai envie de voir ce qu'il se passe dehors ! »

* Interviews extraites de www.365mornings.com

ALEXIS, JOURNALISTE
« C'est effectivement le fait qu'il FAUT se lever. C'est le *Es muss sein* comme on dit en allemand, ce qui veut dire "Ceci doit être"... mais sinon... »

LAURENT, ANIMATEUR
« Pour aller changer de place ma voiture garée sur une place livraison ! Plus sérieusement, c'est une question existentielle ça, non ?!... Je n'ai pas la réponse ! »

Le matin, cette renaissance...

Dans la plupart des interviews de 365Mornings, besoins physiologiques, obligations et devoir arrivaient toujours dans les premières réponses. « Gagner sa vie bien sûr ! » m'avait spontanément répondu Éric, un commercial qui parcourait les routes de France tous les jours de la semaine. Dans un second temps, une réflexion plus profonde avait doucement émergé en lui. « Mais ça veut dire quoi au fond... Qu'est-ce que je gagne réellement... ? », réalisait-il en mettant sa réponse en lien direct avec sa situation du moment, en plein divorce, endetté sur quinze ans et sous anxiolytiques.

Derrière cette question anodine se pose celle du sens que nous donnons à notre vie.

Le « sens », c'est à la fois fondateur et bien mystérieux.

GONZAGUE, MÉDECIN

« Moi, je dois avoir un gros problème avec la mort… Je me demande un peu ce qu'elle vient foutre là. Du coup, la vie peut sembler assez vaine puisqu'elle se finit toujours par la mort ! Donc je me lève pour essayer de capter du sens par rapport à cette vie… Oui ! Un peu comme un chasseur de papillons avec son épuisette. Oui, voilà c'est ça ! »

« Le sens de la vie désigne l'interrogation profonde sur l'origine, la nature et la finalité de la vie ou plus généralement de l'existence, en particulier de l'existence humaine. » (Wikipédia)

Ne rentrons pas ici dans les différentes grandes approches philosophiques à la manière d'un Hamlet, bras levé au ciel et crâne à la main, se demandant si cela vaut le coup d'exister ou pas. La vie vue sous son prisme théologique : où va-t-elle ? Sémiologique : que signifie-t-elle ? Axiologique : que vaut-elle ? Ontologique : d'où vient-elle ?...

Nous allons plutôt aller à la rencontre des « planètes savantes » : Nicolas Truong côté philosophie (p. 43), Gonzague de Larocque pour ce qui est de la médecine (p. 83), et Aurélie Meyer-Mazel pour les questions relatives au sommeil (p. 121).

Sur la planète « philosophie »

Pour la question du sens de l'existence, la première planète visitée est celle de la philosophie, grâce à Nicolas Truong que je retrouve un dimanche matin rue Mouffetard, dans un typique petit café français. Nicolas est un ami philosophe, journaliste au *Monde*, chef du service Idées-Débats et responsable des Controverses du Monde en Avignon, mais également auteur et metteur en scène. Il me rappelle d'abord que les deux premières interrogations de la philosophie sont : « Pourquoi y a-t-il quelque chose plutôt que rien ? » et, tout de suite après, « Ça sert à quoi de vivre ? » Bien évidemment, il y a là toutes les réponses possibles…

« Sur la question du sens de l'existence, on trouve deux grandes dimensions qui sont la direction – "Où allez-vous ?", "Quelle est votre destination ?" – et la signification – "Qu'est-ce que ça veut dire ?" Exemple des smileys : ☺ veut dire sourire » m'explique Nicolas. Suit un résumé rapide des grands courants de pensée.

Pour les stoïciens notamment – courant philosophique du IVe siècle avant J.-C. –, il fallait distinguer les choses qui dépendent de nous, sur lesquelles nous pouvons agir, comme la politique, la conduite de l'existence, ce que l'on fait avec les proches, avec l'amour… et les choses qui ne dépendent pas de nous comme la mort, la maladie, une certaine fatalité, le fameux *fatum* sur lequel nous n'avons aucune influence. Donc il fallait agir uniquement sur ce qu'on pouvait !

Depuis le début de notre ère, du paganisme de la mythologie au Dieu UN, le sens et la signification de l'histoire – donc ceux de notre existence – étaient donnés par la religion. Elle ordonnait l'organisation et la représentation du monde et de nos vies, décidait et dictait les règles, rituels, conventions, le mariage, la famille, les enfants, le travail… Plus tard, une autre grande institution prit également en charge nos existences, la politique, comme le marxisme. Avec l'une et l'autre, le sens était donné dès le départ. « Il n'y avait pas trop de questions à se poser, résume Nicolas. Quand on était une femme, on se mariait, on avait des enfants, on s'occupait du foyer et on régulait son existence en allant prier une fois par semaine à la messe. Point. Quand on était ouvrier, on était opprimé, on cherchait à donner à manger à sa famille, on devait se battre et faire la révolution. Point. Le sens était donné. »

Mais, une fois que l'organisation religieuse ou marxiste du monde s'est petit à petit effondrée, comme ici en Occident, la question du sens est devenue plus vive. « Aujourd'hui, il y a quelque chose de vraiment nouveau : nous devons nous inventer et prendre en charge la question du sens de notre propre vie tout seuls comme des grands, insiste Nicolas. Pour être heureux et donner un sens à sa vie, il y a tout à penser et construire par ses propres moyens, avec ses propres idéaux, parce que cela ne va pas de soi ! »

Friedrich Nietzsche avait bien pressenti ce basculement, et l'avait d'ailleurs mis en scène, d'une certaine façon, avec un grand éclat de rire, dans son œuvre *Le gai savoir**.

---

* 1882.

Le grand changement, ainsi que me l'a brillamment fait comprendre Nicolas, c'est qu'il n'y a plus UN seul sens donné à l'existence, mais PLUSIEURS. À chacun de trouver les siens. Aujourd'hui, dans cette pluralité immense, le sens est différent pour chacun : être en conformité avec Dieu, aller dans l'espace un jour, devenir une star, mettre à l'abri sa famille, aller vivre dans un pays étranger, voyager, être relié à la nature comme pour les grands mouvements d'écologie radicaux, parce qu'être en accord avec la nature, c'est être en accord avec sa propre nature, etc.

> *« À chacun de trouver le sens qu'il souhaite donner à son existence »*

Alors bien sûr, au bout du compte, même si cela ne prend pas les mêmes directions, même si l'on peut le comprendre, cela n'a pas le même sens (signification) pour tout le monde… Au bout du compte, c'est quand même la quête du bonheur qui nous anime. Après, les moyens, c'est comme l'ivresse ! On peut la chercher avec du Château Margaux, de la Kronenbourg, de l'alcool pur même pas distillé, un mojito ou un merveilleux malt tourbé fumé des îles d'Hokkaidō au Japon ! Un champ des possibles s'ouvre à nous : nous avons beaucoup d'options pour construire notre destinée !

C'est à la fois très stimulant – nous pouvons très vite être « tout » et aller très haut dans nos rêves –, mais également beaucoup plus rapidement être « rien ». C'est à la fois une chance et un vertige. D'ailleurs, on le voit bien quand on pose à un enfant la question de son orientation : « Que veux-tu faire plus tard ? » C'est généralement un grand vide…

Tout est possible. Pour rejoindre la distinction des stoïciens, on doit s'inventer. Cette « chose-là » dépend entièrement de nous !

C'est la grande particularité de notre époque, une différence MAJEURE !

Donc même si le sens à donner est différent pour chacun, on s'accorde tous sur le fait que nous avons globalement la même quête assez banale : celle du bonheur, avec autant de représentations qu'il y a de couleurs autour de nous. Alors on repose le crâne de Hamlet et, plus modestement, on pourrait déjà se dire que l'orientation et le sens à donner à sa vie seraient tout simplement d'arriver à être bien avec soi-même et en harmonie avec les autres.

> *Le bonheur ?*
> *Être aligné avec ses envies*
> *et connecté à ses rêves*

Juste BIEN. En détente. Comme après une bonne bière sirotée tranquillement en terrasse avec des amis que l'on aime. Dans un bon équilibre. Aligné avec ses envies et connecté à ses rêves. Heureux quoi ! Comme un pape, un roi, un poisson dans l'eau ou un coq-en-pâte !

Aujourd'hui plus que jamais, il y a nécessité et urgence à se sentir bien dans sa vie, pleinement maître et acteur de son devenir, et redevenir le seul et unique capitaine de son propre navire. Mon homme dit souvent avec forte insistance : « Une politique, des moyens. Et jamais l'inverse ! »

L'empowerment ou comment reprendre le pouvoir sur sa vie

Pour les jeunes de la génération Y (nés dans les années 1980), celle qui va prendre la relève et créer de nouvelles tendances, « tout ça n'a aucun sens, au final… Le "pourquoi" prime désormais sur le "comment", l'exemplarité sur le statutaire, la flexibilité sur le confort et l'ambition de s'épanouir sur celle de réussir… »*, d'après une enquête réalisée sur 3 000 jeunes** répondant à la question : « Que veux-tu faire plus tard ? », plus de 50 % d'entre eux répondent « entrepreneur ».

« La nouvelle génération Z (née après 1995) fera demain honneur à une ou plusieurs entreprises de mettre à disposition leurs talents et leurs compétences. Changement de paradigme. Ils deviennent leurs propres centres d'emploi (…) Cette jeune génération est très consciente du fait qu'elle exercera, en moyenne, treize métiers différents dans sa vie (…) Elle sait également

* Emmanuelle Duez, fondatrice de The Boson Project – WoMen'Up, « Comment les générations Y et Z voient le monde de l'entreprise », *Challenges*, 16 septembre 2015. Article publié à l'occasion de la quatrième édition du Positive Economy Forum.

** Enquête auprès de plus de 3 000 jeunes de moins de 20 ans.

qu'une grande partie des métiers qui existeront dans cinq ans n'existent pas encore… »*

Vous avez dit *empowerment* ? Nous sommes en plein dedans ! L'*empowerment*, qui signifie littéralement « renforcer ou acquérir du pouvoir », peut relever de l'individu ou de la communauté ; dans les deux cas, c'est la réappropriation de son propre pouvoir. Une personne qui se donnerait les moyens de renforcer ses habiletés et sa capacité d'action, sur le mode *self-help* ou *do-it-yourself,* en prenant des cours du soir afin de se former à un nouveau métier en parallèle de son activité est en plein dans la démarche d'*empowerment* !

Ses mots-clefs en vrac : prise de conscience, initiative, responsabilisation, autogestion, implication, autonomie, contrôle de sa vie et… « pouvoir », d'où la racine du mot : *power.*

Signe des temps, on en parle de plus en plus, aussi bien dans le monde de l'entreprise que dans les grandes institutions internationales, la politique, comme la politique de santé publique, la politique de la ville, etc. L'*empowerment*, c'est le fameux « Aide-toi, le ciel t'aidera ! »

Vous êtes-vous déjà posé la question du but de votre vie ? Votre réponse est-elle « mince, aucune idée ! » ou « oui… mais en fait… je ne sais pas vraiment » ?

* Emmanuelle Duez, « Comment les générations Y et Z voient le monde de l'entreprise », cité précédemment.

Pour avancer comme nous le souhaitons ou comme nous sommes en mesure et en droit de rêver, il nous faut un but. Ab-so-lu-ment ! N'importe lequel… Vous avez certainement un rêve ou un projet qui revient toujours à la surface dès que vous ressentez l'envie d'un autrement, d'un ailleurs. Une idée qui ne vous quitte pas, comme un refrain têtu que vous ne pouvez chasser de votre esprit.

Et bien c'est cette idée, précisément, qu'il faut écouter, arroser, choyer et faire exister. Elle vous parle de vous, de votre « légende » personnelle, de votre mission, de votre vocation, de votre destin. Elle est, alors, précisément la graine de votre bonheur qui vous donnera l'envie de vous lever le matin !

> *Vous ressentez l'envie d'un autrement, d'un ailleurs ? Cette idée doit être écoutée, arrosée, choyée*

Si vous n'avez pas la moindre idée, dès les premières lueurs du jour peut-être serait-il bon de vous asseoir quelque part dans un endroit qui vous fait du bien, au calme, seul, tranquille avec stylo et carnet, et d'y réfléchir… On se sait jamais : la magie du matin peut opérer ! Chaque renaissance du jour a le germe de notre renaissance personnelle.

D'abord, il faut arrêter de procrastiner (*pro* : « en avant », et *crastinus* : « le lendemain », cette tendance à différer et à remettre au lendemain) et se donner vraiment les moyens de bouger pour soi et gagner le Grand Chelem de sa réussite personnelle. « Bonheur, amour, argent, santé. » Il y a urgence, la vie passe vite ! C'est maintenant !

Le passé est passé, nous n'avons plus aucune prise sur lui ; le futur, nous ne le contrôlons pas encore… Le seul pouvoir que nous ayons, c'est le présent (d'où l'idée du « cadeau » !) et – en bonne fille de paysanne que je suis – ce que nous semons aujourd'hui, nous le récolterons demain… mais pour cela nous devons semer AUJOURD'HUI, c'est-à-dire MAINTENANT !

Aucune excuse ! Tout est possible, il faut juste y croire et se bouger !

Nous avons au moins 4 bons atouts dans notre jeu pour réussir notre changement de cap :
① Déjà, bonne nouvelle, nous sommes libres et 100 % responsables et acteurs de notre propre vie.
② Nous avons tous un outil de changement extraordinaire à notre portée : nos pensées ! Les pensées sont puissantes. En les orientant « positives », on peut changer sa vie.
③ En adoptant de nouvelles habitudes, nous changeons de vie. Il suffit de s'exercer chaque jour à devenir la personne que l'on souhaite devenir.
④ Enfin, nous ne risquons rien à essayer : étant déjà dans le « non », dans le pire des cas, nous ne pouvons gagner que le « oui » avec une nouvelle dimension de soi à la clef !

« Hop hop hop ! » comme dirait maman ou, comme l'a écrit Oscar Wilde : « Il faut toujours viser la lune, car même en cas d'échec on atterrit dans les étoiles. »*

* *Le Portrait de Dorian Gray*, 1890.

« MON *BEFORE* À MOI » ET SE LEVER « DE BONHEUR »

#SeLeverDeBonheur

BENOÎT, ACHETEUR*

« J'aimerais bien créer mon *business* un jour, monter ma boîte... Faire ce qui me plaît vraiment et à mon rythme, parce que je n'ai jamais le temps de faire quelque chose pour moi, uniquement pour moi, avec ce boulot. Être indépendant, pour être plus libre de mon temps et pouvoir faire plus de sport. »

MAGUELONE, RESPONSABLE MARKETING

« Un jour, j'y arriverai. Je rêve de quitter Paris et notre petit appartement, et de redescendre dans le Sud. J'aurai une jolie maison près de Montpellier avec un grand jardin, et à l'intérieur, un homme solide, des petits qui courent partout, et un bon gros bouledogue anglais qui bave ! Mais cela va certainement me demander de changer de métier... »

NICOLAS, SERVEUR DANS UN RESTAURANT

« Mon grand-père était chinois, et je ne connais que deux mots, c'est nul ! Je ne sais dire que *Nǐ hǎo*, "bonjour", et *Xièxiè*, "merci" ! Quand j'aurai un peu de temps devant moi, je l'apprendrai, et j'en ferai la surprise à ma grand-mère pour l'un de ses prochains anniversaires. »

* Interviews extraites de www.365mornings.com

CATHERINE, DIRECTRICE DE PRODUCTION

« Sans hésiter, maintenant, à 34 ans, après avoir bien mené ma vie professionnelle, mon souhait est de rencontrer la personne avec laquelle je puisse vivre toute ma vie. Franchement, l'amour, l'amour, et l'âme sœur ! Le boulot, c'est fait, je dois penser à moi autrement maintenant… »

AURORE, COMÉDIENNE

« Mon rêve, c'est déjà de réussir à vivre de mon métier, réussir à m'assumer complètement en arrêtant les petits métiers et les petits boulots à la con. Et mon grand rêve, ça serait de faire le rôle d'Éponine dans *Les Misérables* à Broadway ! »

ADRIENNE KRISTINA, PROFESSEUR

« J'aimerais, quand je fêterai mes 50 ans, avoir encore la capacité physique d'aller au Kilimandjaro, parce que c'est ma prochaine montagne. J'en ai déjà gravi quelques-unes, mais mon prochain record d'ascension, je voudrais que ce soit le Kilimandjaro ! J'en serais super fière ! »

Et si l'on bannissait les « si… » ?

Moi, mon grand rêve, ça a toujours été d'écrire un livre. Comme tous les amoureux des mots, j'ai commencé plusieurs projets que je n'ai jamais terminés… Pourtant, du plus lointain que remontent mes souvenirs, je me suis toujours projetée allongée par terre, sur un gros coussin moelleux, armée d'une bonne vieille machine à écrire, dans le salon cosy et lumineux d'un petit chalet à la frontière de la terre et du ciel, sur les hautes cimes d'une montagne. Rien que d'y penser, je peux déjà sentir la chaleur du petit feu de cheminée, entendre le crépitement du bois, percevoir la douceur des plaids, humer la petite tasse de thé fumant, bercée par la beauté de la lumière ambiante, sur un fond musical, présent mais léger, juste comme il faut. La difficulté, c'est qu'en travaillant en moyenne onze heures par jour dans ma petite boîte de production audiovisuelle, je ne voyais pas bien comment concrétiser ce projet en dehors des heures considérées comme « libres », des week-ends, des vacances ou des soirées si je n'étais pas trop fatiguée. Ce que j'ai fait, pendant quelque temps, comme j'ai pu, de manière plus ou moins chaotique, puisqu'il y avait toujours quelque chose à faire de plus urgent, une soudaine invitation sympathique ou un quelconque événement pour aller à l'encontre de ce qui avait été initialement prévu. Loin du cadre idyllique du petit chalet perché en haut de la montagne, il a fallu longtemps se satisfaire de l'ambiance de cafés de fortune, au hasard des contraintes de mon emploi du temps.

Mais ça, c'était avant ! Pour paraphraser le slogan d'une célèbre chaîne d'opticiens. Parce que depuis, ma vie a changé !

Le déclic, c'est ce fameux « si… » qui annonçait les « si je ne suis pas trop fatiguée » ou « si je peux rentrer plus tôt ce soir » ou « si j'arrive à décaler ce rendez-vous », etc. Un truc tout bête que ce « si ». Juste deux petites lettres, une jolie petite note dans une gamme, alors pourquoi s'en méfier ?

Et bien ce « si », c'est ce qui nous pourrit la vie, un harnais, une camisole, un empêcheur de tourner en rond ! Une conjonction, un aléatoire conditionnel, un grain de sable qui fout en l'air tous nos espoirs et met en vrac nos charmantes prévisions.

Parce que, bien évidemment, entre-temps, je rentrais épuisée par une heure trente d'embouteillages, ou encore, je n'avais pas réussi à décaler cet ennuyeux rendez-vous qui me bloquait la fin de journée, j'en passe et des meilleures… Alors je n'aspirais plus qu'à une seule chose : couper le téléphone, ne plus ouvrir l'ordinateur, m'affaler dans le canapé avec des chips et une bonne série, en attendant le retour de mon guerrier.

Puis, en regardant un documentaire animalier, je suis restée émerveillée sur la prévoyance et l'agilité d'un petit écureuil. Une solution toute simple : amasser un stock de noisettes en amont pour bien passer l'hiver. Ainsi le petit animal pouvait se dire bravement : « Ça, c'est fait ! » Comme mon homme qui n'arrête pas de dire : « Ce qui est fait n'est plus à faire. »

Mais oui bien sûr ! Quand on ne peut pas faire entrer les choses d'un côté, il faut bien essayer de l'autre. La journée, on galope sur le dos du tigre, le soir, il y a toujours ce fameux « si », mais le matin, oui le matin : c'est la clef ! Pas de « si » qui dépende des autres ou des impondérables de la vie.

Le matin, je le maîtrise ! Pourquoi ? C'est simple, c'est le PREMIER moment de la journée ! La première pièce du puzzle, le premier rouage de la machine, l'alpha, le commencement…

> ***Le matin ne dépend que de moi, de ma capacité à avancer mon réveil***

Le matin ne dépend que de moi, de ma capacité à avancer mon réveil, de me lever plus tôt et de savoir optimiser et profiter de ses promesses !

L'eurêka, LA solution miracle, c'est le petit matin, mon « *before* à moi » !

Comme la stratégie de prévision du petit écureuil qui sait thésauriser ses ressources, savoir capitaliser sur son matin en faisant des choses pour SOI avant d'aller travailler et de battre campagne, c'est bien évidemment LA solution ! Plus de frustration ni de manque, enfin un vrai temps sûr (sans « si ») pour faire les activités que l'on aime et que l'on estime n'avoir jamais le temps de faire, ou pour adopter de nouvelles activités qui vont nous permettre d'aller plus loin avec nous-mêmes.

Comment faire ? Tout simplement en avançant son réveil d'une heure !

Une heure plus tôt à gagner sur la vie

365 heures gagnées sur une année, soit presque un mois entier pour soi ! L'équivalent de nos vacances d'été ! Un mois pour prendre soin de soi et redevenir SA priorité ! Énorme bénéfice pour peu de sacrifices ! Une heure, au fond, ce n'est pas si sorcier. Et en créant ce nouvel espace de réalisation et de productivité personnelle avant le « métro-boulot-dodo », on se met dans une telle disposition d'esprit naturelle à tirer le maximum de sa journée que l'on ne peut qu'être fier de soi. Enfin un vrai temps pour soi, là, ici, maintenant, tous les jours,

au bout de mes doigts et pas à la Saint-Glinglin, pour lire, écrire, méditer, prier, faire du sport, apprendre une nouvelle langue, travailler sur son projet personnel…

Comme « tout ce qui est fait n'est plus à faire », on commence forcément sa journée plus léger, satisfait, sourire aux lèvres, comme le petit écureuil en sécurité avec son stock.

Oui, tout commence par la façon que l'on a de se réveiller le matin. Ça donne les couleurs, la musique et le ton du reste de la journée. Il paraît que l'humeur matinale joue à 61 % sur la journée qui vient. En quelque sorte, les premières heures du matin sont la miniature de la journée, sa reproduction en réduction. Une heure qui en détermine pratiquement quatorze à seize. Le matin, c'est comme un « échauffement » ; il nous permet de prendre nos marques pour la journée entière. On met la machine en route. Et le tigre de Nietzsche est à apprivoiser et à dompter chaque jour qui nous est donné. L'exemple le plus évident d'une journée qui deviendra compliquée par la suite est celui d'un tout petit retard de cinq minutes sur notre heure de réveil habituelle. Si nous avons dormi cinq minutes de trop, nous savons, avant même d'avoir posé le pied par terre, que nous serons en retard sur toute la journée, et qu'ensuite, nous nous débattrons sous son effet boule de neige ! Ainsi, dans le *rush*, on ne prend pas le temps de se préparer un bon petit-déjeuner, on part en oubliant notre carte de transport, notre portable ou nos lunettes, on sacrifie la petite bise d'au revoir… Et après coup, lorsque l'on s'en rend compte, on finit par considérer légitimement que c'est une journée qui « commence mal », et on pourra poster son merveilleux engrenage raté sur le site www.viedemerde.fr avec la fameuse signature VDM.

On l'a tous vécu, on démarre en se prenant le pied dans le tapis, et ça sera la *lose* tout le reste de cette maudite journée, ou, inversement, on la commence calmement avec un sentiment de plénitude et de maîtrise, et ce sera gagné !

On pourrait aussi comparer cet engrenage à un régime. Je suis une grignoteuse, et je mange n'importe quoi, n'importe comment, n'importe quand. Et si, dès le petit-déjeuner, je me tiens « bien » et m'alimente de façon équilibrée, c'est-à-dire sans trop me goinfrer de pains au chocolat ou de croissants, mes repas suivants seront sur le même mode, raisonnables et relativement sains, et je me sentirai légère, sportive, belle et conquérante pour toute la journée. En revanche, si – prise de folie passagère –, je me vautre dès le matin dans le pot de Nutella® (avec 13 % de noisettes, écureuil jusqu'au bout !), je vais ramer toute la journée à essayer de rééquilibrer le dérapage, en me sentant lourde, moche, sans aucune volonté, nulle, et finirai par me dire « de toute façon, foutu pour foutu, autant continuer aujourd'hui à me faire plaisir, et je commencerai demain ! » Sauf que, le soir, on ne sera pas vraiment fière de soi, et le lendemain matin sur la balance, on se détestera ! Alors, bien sûr, c'est vrai, avancer son réveil, cela demande une certaine discipline, et un vrai changement dans la tête, ça se décide, mais, en compensation, quels bénéfices à se lever tôt !

Michel Cymes

CHIRURGIEN ORL, ANIMATEUR TV ET AUTEUR*

Images du matin

La première image qui me vient : je me mets sur le pont d'un bateau, et je regarde la mer avec le soleil qui se lève.

Alouette ou chouette ?

Les deux !

Réveil

Je me réveille souvent à 5 h du matin, en général sans réveil, sans aucune alarme, et quand le travail n'est pas trop dense, 6 h. Je me réveille et je suis opérationnel tout de suite ! Je peux parler dans l'instant !

Quelle motivation pour se lever ?

Tout ce que je vais faire dans la journée : j'ai une vie de rêve ! Les 25 000 choses différentes à faire m'enthousiasment à fond ! Une journée monothématique m'éclate moins. Je dois être un peu hyperactif, j'ai besoin de remplir...

.../

* Médecin spécialiste, fondateur associé de Betterise, le service digital d'accompagnement santé personnalisé, Michel Cymes présente plusieurs émissions médicales sur France Télévisions (*Le Magazine de la santé*, *Aventures de médecine*, *Les Pouvoirs extraordinaires du corps humain*, *Enquête de santé*). Il est l'auteur, notamment, de *Vivez mieux et plus longtemps* (Stock).

/...

Routines

- Je me lève, je me bouscule... Je prends mon petit-déj'.
- Abdos, cinq séries de cinquante.
- Vélo d'appartement pendant une demi-heure.
- Bref, je fais tout pour que ce corps reste de rêve ! Ensuite, je vais prendre ma douche, je m'habille et je vais soit au boulot soit à l'hôpital.

Petit-déjeuner

J'aime prendre mon petit-déjeuner tout seul. Pour reprendre l'exemple du bateau : ma cabine, je suis tout seul sur le pont, je prends mon café tout seul face à la mer. Pour moi, c'est le matin idéal. Dans le métier que je fais, on est rarement seul. C'est le moment où je suis tranquille, dans le calme, et je peux réfléchir, penser à ce que je vais faire dans la journée. Le matin, c'est LE moment où je réfléchis à ce que je peux faire de ma vie.

Impact

Le fait de me lever tôt me permet de gagner du temps sur le reste de ma journée. Et, surtout, mon cerveau est très efficace le matin, il carbure à deux cents à l'heure ! Je m'en suis aperçu assez tôt dans ma vie : toutes les nouvelles émissions, les nouveaux concepts... Les grandes décisions importantes, je les ai prises le matin. Le matin, je suis frais, je travaille dix fois plus que dans le reste de la journée.

Matin(s) bonheur(s)

Des études ont montré qu'avancer son réveil a un impact considérable sur notre forme générale, notre état d'esprit, notre efficacité et notre estime de soi. Donc notre niveau de bonheur général.

- **Déjà, se lever tôt rend plus heureux.**
  Les matinaux sont globalement plus heureux que les noctambules : il y a une relation directe entre optimisme et saut du lit dès les premières lueurs du soleil. Une des explications : plus on se lève tôt, plus on bénéficie mathématiquement d'une exposition à la lumière. Et tout le monde le sait : le soleil, c'est bon pour le moral !
  Quant aux *happy morning people*, des chercheurs de l'université de Toronto* ont montré que plus nous vieillissons, plus nous nous couchons tôt, et plus nous nous levons de bonne heure. Ce qui semble expliquer, en partie, pourquoi les seniors sont plus heureux que les adolescents. « On a remarqué que les personnes plus âgées nous rapportaient plus d'émotions positives que les jeunes adultes, et qu'elles étaient plus du matin que les jeunes », résume Renee Biss, l'un des chercheurs. Et de conclure : « Être “du matin” est associé à plus de “bonheur”. »
  Au passage, dans un article de la très sérieuse revue médicale *The Lancet***, on apprend que notre sentiment de bonheur suit une courbe en « U ». Enfant, choyé et innocent, ce sentiment commence en haut de la courbe, puis de 20 à 45-50 ans, il

---

* Sarah Klein, « Sept choses que les lève-tôt font différemment », *The Huffington Post*, 4 avril 2014.

** Andrew Steptoe et al., « Subjective wellbeing, health, and ageing », *The Lancet*, 5 novembre 2014.

chute de façon vertigineuse, et, à partir de la cinquantaine, il remonte aussi vite qu'il avait dégringolé, pour atteindre le nirvana vers 70 ans !

- **Et puis c'est bon pour le moral.**
Plusieurs études démontrent que les lève-tôt présentent plus de qualités d'optimisme, de satisfaction et de lucidité que les noctambules, qui, eux, en revanche, sont davantage créatifs mais pessimistes. Généralement, les lève-tôt ne *snooze* pas, et sont d'attaque dès les premières minutes pour un haut niveau d'activité. Hop hop hop ![*]

- **Cela favorise la réussite.**
Une étude, effectuée par des étudiants en 2008 à l'université du Texas, a montré que les étudiants lève-tôt avaient des notes supérieures d'un point par rapport aux couche-tard (WebMD®). Les explications données : leurs bonnes habitudes comportementales. Ils se couchent tôt, se laissent moins distraire par les fêtes nocturnes, arrivent à l'heure, et ont plus de temps pour étudier, selon le chercheur Daniel J. Taylor, professeur de psychologie assistant[**].

- **Et se lever tôt nous permet d'être en meilleure santé et de rester plus minces ! (En voilà un bon argument !)**
En effet, pour garder la ligne, il est bon aussi de se lever tôt, indique une étude américaine (résultats publiés dans la revue *Plos One*). En effet, l'exposition à la lumière du matin aurait une influence d'environ 20 % sur notre indice de

---

* Études : http://www.sciencedirect.com/science/article/pii/S0262407913623696

** Étude : http:/www.webmd.com/sleep-disorders/news/20080609/early-birds-get-better-grades

masse corporelle (IMC). En deux mots, plus on est exposé à la lumière, plus on reste mince.
Par ailleurs, une étude britannique présentée lors d'un congrès sur la psychologie de la santé de la British Psychological Society montre que les matinaux ont moins de symptômes de stress et d'anxiété, et ont aussi davantage tendance à petit-déjeuner. Or, comme d'autres études montrent également un rapport direct entre absence de petit-déjeuner et kilos en trop, cela reviendrait à dire que se lever tôt, s'exposer à la lumière matinale et petit-déjeuner seraient des facteurs naturels supplémentaires de minceur !

En résumé, vous l'aurez compris, devenir lève-tôt en avançant son réveil d'une heure (et plus, si vous devenez accro !) permet à la fois :
- de se faire plaisir ;
- de prendre soin de soi quotidiennement ;
- de mieux maîtriser son temps et son organisation ;
- de remporter la bataille contre la procrastination ;
- d'être en meilleure forme (et plus mince !) ;
- d'être plus positif, d'avoir une meilleure estime de soi ;
- d'avancer ses projets personnels ;
- et donc de gagner haut la main ce fameux Grand Chelem de sa réussite personnelle !

Comme nous passons en moyenne un tiers de notre vie à dormir sous notre couette (soit vingt-cinq ans pour une durée de vie moyenne de 75 ans), si mon calcul est juste, ces soixante minutes d'avance sur notre réveil habituel nous feront gagner trois ans de vie à profiter, user, abuser de ce qui nous fait plaisir, et à construire ce qui est important pour nous. Les bénéfices sont tellement énormes que l'on ne peut regretter une seule seconde notre investissement !

Si vous avez une toute petite envie d'essayer, même fragile et fébrile, dites-vous que vous pouvez, vous aussi, y arriver ! Même si vous pensez ne pas être du matin, ne pas être suffisamment en forme pour le faire, avoir déjà suffisamment une vie de dingue, si vous craignez d'avance ne pas tenir sur la longueur… ou tout simplement si vous vous sentez trop accro et amoureux de votre couette, faites-le ! *Just do it!*

La loi de l'action : routines en vue !

Maintenant, pour dégager ce nouveau temps pour soi, s'inventer, changer ses habitudes et se donner un nouveau cadre, il y a juste une loi à ne jamais jamais perdre de vue : la loi de l'action.

Étymologie du mot « action » : du latin *actio*, « faculté d'agir, activité, action, acte », dérivé de *agere*, « agir, faire, être actif ». Ses descendants se reconnaissent à leur radical -act- : « acte, acteur, actif, action, actuel, entracte, exact, exaction, réacteur, réaction, rédacteur, rédaction, transaction »...

Plus on agit, plus on augmente sa capacité à agir. L'action c'est la clef de réussite du changement. C'est l'opération qui permet à un effet de se produire et de se reproduire, autant que nous le souhaitons, comme pédaler sur un vélo, jusqu'à ce moment de grâce où nous ne nous rendons même plus compte de ce que nous faisons. Ça avance tout seul : on file en roue libre, et on finit par créer une habitude !

Et de petites habitudes en petites habitudes, on finit par installer – allons-y gaiement – ce que l'on pourrait appeler – ce n'est pas un gros mot – une routine !

Pas celle du couple qui tourne en rond, non, plutôt cet ensemble d'habitudes qui revient chaque jour dans un même ordre, très souvent dénoncé comme étant synonyme de monotonie, d'ennui, de tristesse ou d'usure.

La routine, c'est quoi et ça permet quoi ? La routine, c'est notre boîte automatique : efficacité et tranquillité d'esprit = ça roule tout seul !

En rétrécissant nos potentiels de choix, elle nous permet de réduire la distraction ou l'indécision que nous pouvons avoir. C'est aussi une façon de cultiver des petits progrès quotidiens, d'accéder à autre chose, tranquillement. Des habitudes répétées chaque jour génèrent progressivement de nouvelles capacités et de nouveaux acquis. Ainsi on finit par assimiler, mieux s'occuper de soi, affirmer une nouvelle autonomie et développer davantage de confiance. La répétition peut avoir du bon : elle nous repose la tête et nous aide à rester sur la bonne voie. Grâce à elle, on peut être en parfaite maîtrise de

> ***Des habitudes répétées chaque jour génèrent de nouveaux acquis***

son quotidien. Et plus ce dernier devient prévisible, plus on se sent rassuré, en sécurité, et plus on a de repères auxquels se rattacher.

Et, bonne nouvelle, il n'y a pas une routine mais des routines ! Une vraie pluralité, là aussi, qui nous aide à atteindre les objectifs les plus ambitieux de notre vie. Elles sont tout simplement PRODIGIEUSES !

Stéphane, Émilie, Christophe, Soizic, Benjamin, Marie, Joseph, Charlotte, Youcef, Liz, Seong, Karl, Dorian, Jeanne, Pascale, Sarah… Tous ces petits héros du quotidien de 365Mornings, m'ont donné une clef, une façon de faire par-ci, une pratique par-là, une idée, une expérience, une recette… Les routines prodigieuses viennent de vous. Vous m'avez tous inspirée ! Puis aussi d'autres rencontres, de nombreux articles sur le sujet, des échanges avec des spécialistes, des interviews de personnalités ou de patrons qui réussissent ou qui ont déjà réussi… Une dernière et forte inspiration vient de celui qui est « tombé dedans » quand il était petit et qui, tous les jours, incarne parfaitement la « magie du matin » : mon homme !

#RPMroutinesprodigieusesdumatin

Ces routines sont tous ces petits trésors de réussite personnelle que j'ai récoltés par-ci par-là.

Prodigieuses, car elles sont toutes vectrices de succès et d'accomplissement personnel.

Méditation, yoga, apprentissage d'une nouvelle langue, lecture, écriture… Elles sont innombrables ! Vous les découvrirez en détail dans la partie 3 et, selon votre profil (maman, auto-entrepreneur…), vous pourrez y piocher des idées concrètes pour créer votre "*before* à moi" ! Mais avant cela, il faut préparer le terrain…

Partie 2

#BeforeAMoi

Avant de commencer votre « before à moi »

L'INDISPENSABLE INTROSPECTION

Discerner le « pourquoi ? » et le « pour quoi ? »

Bip… bip… Open your eyes…
La voix langoureuse et sexy d'un radio-réveil.
Open your eyes, David... *« Ouvre les yeux, David »…*
Un œil s'ouvre, un iris filmé en gros plan, et un homme,
Tom Cruise, pose un pied hors du lit pour commencer sa journée…
Open your eyes…

Images du film Vanilla Sky,
remake américain de Ouvre les yeux
d'Alejandro Amenábar

Ouvrir les yeux, se reconnecter au monde, renaître à soi, même chaque matin, ça n'a l'air de rien, mais ce sont de vrais challenges. On connaît tous cette sensation bizarre d'être entre deux mondes au moment du réveil. Plus tout à fait dans le rêve mais pas encore pleinement en conscience dans la réalité. Quelques secondes d'entre-deux avant de démarrer… *Open your eyes…* Et ces secondes-là sont comme des petits diamants qui contiennent l'intention que l'on va donner à notre journée, voire à notre vie.

Nous le savons, une fois nos yeux grands ouverts et notre esprit en position *on*, les minutes qui suivent, ce que l'on appelle le matin, constituent le seul moment de la journée que nous pouvons vraiment contrôler.

Alors êtes-vous séduit par cette magnifique idée de vous lever une heure plus tôt que d'habitude ? Formidable ! Pourquoi… ? « Pour mettre en place de nouvelles routines, *healthy*, productives, dans ma vie ! » Très bien ! Pour… ? « Pour commencer ma journée dans un état d'esprit positif et me donner les chances d'être la personne que je rêve de devenir ! » Parfait ! L'envie, c'est un excellent début !

Mais avant d'instaurer dans notre quotidien des routines matinales comme de bons petits soldats, outre leur côté *fun* et nouveau, nous devons préalablement passer par la case « théorie ». Pourquoi ? Pour éviter que notre envie s'évanouisse tel un fétu de paille. Je ne sais pas si vous êtes comme moi, mais je peux être la première à m'enthousiasmer et entreprendre ce qui me séduit sur le moment et, pour des raisons X ou Y, je peux lâcher assez vite. Finalement, beaucoup d'énergie dépensée pour rien, avec son lot de découragement, de détestation de soi, etc. « Décidément, je ne finis jamais rien ! »

Le remède ? La connaissance de soi et de nos mécanismes internes.

Plus nous comprenons certains mécanismes importants de notre psychologie, plus nous nous connaissons dans nos fonctionnements, plus nous pouvons nous prendre en charge et réussir notre nouvel enjeu, en le faisant NÔTRE et en le rendant PÉRENNE. Notre niveau de succès est souvent équivalent à notre niveau de connaissance de nous-mêmes. Le P.-D.G. d'un grand groupe international m'a confié lors de son interview que la méconnaissance de soi était le premier obstacle à l'évolution d'un manager. Connaissance qui inclut, certes, recherche sur soi, mais aussi apports de savoirs et d'expériences plus « théoriques ».

Commençons par deux questions simples :

- **De quoi ai-je vraiment envie ?**

Avant d'entreprendre quoi que ce soit, il faut identifier ce qui vous « meut ». C'est-à-dire comprendre ce qui vous motive vraiment dans l'idée de vous lever le matin une heure plus tôt. Parce que si vous vous engagez à vous lever plus tôt tous les jours dans une vie déjà bien remplie, ou dans une vie à l'arrêt un peu en marge du rythme des autres, ça ne sera pas forcément une partie de plaisir tous les jours !

- **Comment faire pour avancer correctement ?**

Déjà, se lever plus tôt, est-ce pour vous un but ou un moyen ? Un but : vous visez l'introduction d'une nouvelle routine connue de vous et qui vous manque, ou que vous ne

> *« Le remède ? La connaissance de soi et de ses mécanismes internes »*

connaissez pas encore et qui vous tente, comme la méditation, l'apprentissage d'une nouvelle langue, un programme de remise en forme, etc.
Un moyen : une façon d'accéder à une autre dimension de vous-même, un moyen pour vous sentir plus positif, sain, actif…

Que savez-vous exactement ? Déjà, que vous partez d'une envie, comme lire ce livre parce que vous souhaitez savoir comment intégrer un temps nouveau pour vous. Comme toute envie, elle peut être précise, assez floue, voire pas du tout définie : envie de lire ce livre juste pour voir, parce que la couverture est sympa, ou lire ce livre parce que vous cherchez de vraies clefs.

Quand on se met en mouvement, il y a toujours deux aspects à prendre en compte : **le « pourquoi ? » et le « pour *quoi* ? »**

Le « pourquoi » est la somme des raisons (petites ou grandes) qui nous poussent au changement : « Je veux me lever plus tôt… parce que je trouve que ma vie ne fonctionne pas de façon optimale… parce que ce serait un *booster* pour mon estime qui, en ce moment, n'est pas au top… parce que je veux démontrer à mon conjoint/mes amis/mes collègues que je sais tenir un engagement… parce que j'ai l'impression que mon temps m'échappe, que ma vie m'échappe… parce que… parce que… »

Le « pour quoi ? » est tout aussi essentiel. Pour « quoi » me lever plus tôt ? Pour aller vers quoi de nouveau, de différent ? Pour atteindre quels objectifs, réaliser quel rêve, accomplir quel projet ? C'est l'indispensable projection dans le futur qui permet de tenir bon quand on est tenté de laisser tomber les bonnes résolutions. Il est évident que plus le « pour quoi » suscite l'enthousiasme, plus les chances d'atteindre son but avec succès sont nombreuses !

Il est important de bien dessiner les formes et les contours de votre motivation, sinon, très vite, tout pourra s'écrouler comme un château de cartes. Parce qu'en fait, en creusant un peu, l'objet de votre envie n'est peut-être pas celui auquel vous pensez. Un premier travail consistera donc à bien comprendre les mécanismes de votre motivation afin de pouvoir consolider votre démarche. C'est la fameuse question du « pourquoi » j'ai envie de faire cela.

Alors, quels sont vos « pourquoi » et « pour quoi » ? Prenez le temps d'y réfléchir avant de vous mettre en chemin. Une fois que vous y aurez répondu, que vous en saurez plus sur votre envie et ce que vous recherchez à travers elle, vous serez prêt à vous poser la seconde question : comment faire pour avancer ? Et là, vous entrerez dans la mise en œuvre opérationnelle de votre projet ; le temps sera venu de bien définir vos objectifs, parce que bien apprendre à les formaliser est l'une des clefs du succès qui vous mènera là où vous avez envie d'aller.

> *Il est important de bien cerner votre motivation, sous peine de voir votre projet s'écrouler comme un château de cartes !*

EXPLOREZ LA NATURE DE VOTRE MOTIVATION

Est-elle émotionnelle ? Intellectuelle, fondée sur la raison ? Une motivation uniquement émotionnelle risque de retomber comme un soufflé car les émotions sont inconstantes et changent au gré du vent et des événements. Une motivation uniquement intellectuelle, raisonnable, risque de s'essouffler aussi car elle est trop aride, insuffisamment porteuse d'enthousiasme et de *fun*. La clef est de se donner une motivation à la fois émotionnelle ET intellectuelle : la raison se nourrit du désir, de l'anticipation joyeuse d'un résultat à accomplir.

Un exemple, on décide d'apprendre l'italien :

1. par intérêt intellectuel pour cette culture, berceau de la Renaissance, ainsi que les trésors de son art et son architecture, ET
2. parce qu'on est attiré par la joie et le savoir-vivre de ces Italiens qu'on a rencontrés en vacances, que l'on a envie de renforcer ces nouveaux liens d'amitié, et d'envisager un voyage avec eux l'été prochain.

Partir sur des bases solides

J'ai toujours aimé le conte des trois petits cochons et du grand méchant loup. Je crois même que c'était l'un de mes contes préférés. Cette histoire m'a toujours parlé à deux niveaux :

① Comment assister à deux fiascos affligeants contre une réussite exemplaire ! Les trois visant pourtant un même objectif : construire sa maison.

② Comment reconstituer les ingrédients de la réussite d'une construction solide ? Parce que construire sa maison est un acte fort. Symboliquement, la maison représente son intérieur, son être profond, c'est-à-dire soi-même. Comme beaucoup d'entre nous, j'ai toujours été à la recherche de la protection et de la sécurité. Donc toutes les clefs données sur le « comment » on arrive à rendre suffisamment solide sa construction personnelle face aux vents contraires de la vie étaient les bienvenues…

● ● ●

Zoom rapide sur l'histoire :
Trois petits cochons partent du foyer familial pour aller vivre leur vie comme des grands dans le grand monde. Le premier petit cochon se construit une maison de paille, en moins de deux, à la va-vite, style « je bâcle ». Le deuxième petit cochon se construit une maison en bois, en apparence plus solide mais dans un laps de temps tout aussi court. Le troisième petit cochon, quant à lui, travaille un peu plus, et se construit une maison à base de briques et de ciment. Bien évidemment, comme dans tous les contes, le grand méchant loup n'a de cesse que de vouloir dévorer les trois petits cochons tout gentils. Ainsi va-t-il parvenir à détruire les maisons de paille et de bois en soufflant dessus à pleins poumons. Paniqués, les petits cochons se retrouvent dans la seule maison qui tient encore debout, celle faite de briques et de ciment. Très solide, elle résistera au grand méchant loup, et le laissera essoufflé, impuissant et humilié. Des ripostes du loup amèneront les trois petits cochons à élaborer diverses ruses et stratégies pour lui échapper, et le grand méchant loup, furieux et hystérique, finira par vouloir entrer par la cheminée. Mais, plus malin, le troisième petit cochon avait anticipé la chose et préparé

une bonne grosse marmite de soupe bouillante dans laquelle le loup n'a pas manqué de tomber, direct ! Fin de l'histoire.

• • •

Je précise que j'ai pris la version la plus moderne et la plus douce de ce conte, celle « à la Disney® », parce que dans la plus ancienne version, les deux premiers petits cochons se font royalement et gentiment dévorer, sans aucune autre forme de procès !

Triste constat : les deux premiers petits cochons n'avaient pas pris le temps de construire une maison assez solide dans laquelle ils pouvaient s'abriter. Ainsi, par désinvolture et par paresse, ils ne s'étaient pas correctement protégés contre les attaques probables, voire évidentes, du grand méchant prédateur, contrairement au troisième larron, sérieux, malin et courageux, qui avait tout devancé et organisé en fonction.

Lui avait su dès le départ construire sa maison sur de bonnes bases, analyse juste lui permettant ainsi d'anticiper les choses avec énergie et une mise en œuvre efficace.

> *Une construction solide est faite de briques et de ciment… pas de bois ou de paille !*

Alors, se lever plus tôt, oui ! Encore faut-il commencer notre nouvelle démarche sur une construction solide faite de briques et de ciment, avec un objectif et une motivation clairs, qui nous permettront de faire face aux aléas venteux du grand méchant loup… toutes ces circonstances extérieures et ces éléments décourageants qui vont forcément perturber notre chemin en cours de route. Et, comme de bien entendu, ces événements seront à la fois nombreux, multiformes et formidablement créatifs !

MOTIVATION, VOLONTÉ, COMMENT ÇA MARCHE ?

#motivation

La motivation, c'est quoi au juste ? De quoi est-elle faite ? De quoi se nourrit-elle ? Comment fonctionne-t-elle ? La potion magique « pour un matin motivé » à boire comme le thé au réveil, ou le soir comme une bonne tisane, n'existe pas encore. Dommage. En revanche, il existe la motivation.

Premier réflexe inculqué par tous les parents du monde : ouvrons le dictionnaire pour chercher la définition du mot. Selon le *Larousse*, il s'agit de : « Ce qui motive, explique, justifie une action quelconque ; cause. Raisons, intérêts, éléments qui poussent quelqu'un dans son action ; fait pour quelqu'un d'être motivé à agir. »

C'est un début, il n'empêche que j'ai envie d'en savoir plus. Cherchons un autre angle sur le site www. psychologies.com, pour une analyse plus développée : « Terme qui désigne, en psychologie, un vaste ensemble de processus dynamiques, conscients ou inconscients, en particulier les émotions, qui orientent l'action d'un individu, vers un but donné. »

« Conscients ou inconscients (…) les émotions (…) » : ça se précise, mais ça se complique en même temps : avec l'inconscient, on entre dans des notions nettement plus complexes.

Mes recherches se poursuivent. Pour savoir comment la motivation est comprise, j'ai demandé à mes proches ce qu'elle représentait pour eux, avec quoi, quelle idée, quel objet ou quelle chose ils pouvaient la comparer.

MON HOMME
« À l'adrénaline ! Parce qu'elle donne l'énergie nécessaire pour faire des efforts sportifs… entre autres ! » C'est le sportif qui parle.

ALEXIS, MON FILS
« À un ancien réveil que l'on remonte et qui fonctionne tout seul pendant des jours… ou à l'énergie nécessaire au fonctionnement d'un moteur… Ça répond à ta question ? » Sa formation d'ingénieur qui ressort !

ANASTASIA, MA FILLE
« À une fleur qui se fortifie quand on en prend soin, et qui meurt lorsque l'on ne la nourrit plus. » Ma fille prend des exemples *flower power* !

Motivation extrinsèque ou intrinsèque ?

À la lumière des nombreuses interviews réalisées pour 365Mornings et des recherches que j'ai pu mener par ailleurs, la motivation n'existe pas vraiment très clairement, c'est à la fois une force très personnelle et complexe, et une combinaison sophistiquée de besoin, de désir et de peur.

Deux professeurs de psychologie, Edward L. Deci et Richard Ryan, de l'université de Rochester – l'une des universités de recherche de haut rang aux États-Unis –, ont émis une théorie intéressante : il existerait une différence entre la motivation « imposée » de l'extérieur, dite motivation « extrinsèque », et la motivation qui vient de nous, de notre for intérieur, dite motivation « intrinsèque ». Cette dernière met en marche une action conduite par l'intérêt et le plaisir qu'on lui trouve, sans attente de récompense venant de l'extérieur. On fait les choses pour soi et par plaisir, presque sans réfléchir. Lorsque l'on a faim, on est intrinsèquement motivé à ouvrir le réfrigérateur, même si l'on est confortablement installé dans son canapé : on se lève, on se dirige directement vers ce qu'il nous faut sans réfléchir. C'est le nec plus ultra de la motivation !

La motivation extrinsèque, quant à elle, nous conduit à agir pour un but extérieur à nous, comme une récompense, une punition, une pression sociale ou religieuse, le regard d'une personne qui compte pour nous, etc. Dans ce cas, on le fait pour autre chose que sa propre personne. C'est le type même des actions sans réelle satisfaction qui constituent notre quotidien. Si nous ne prenons pas forcément du plaisir dans ce type d'actions, nous pouvons toutefois en avoir dans le résultat de celle-ci, comme un salaire par exemple !

D'où l'importance, en entreprise, de trouver les leviers de la motivation intrinsèque des salariés. Les fameuses sociétés du palmarès *Great Place To Work®* (www.greatplacetowork.fr) sont essentiellement des entreprises dans lesquelles les managers ont compris l'importance de la motivation intrinsèque afin que, à l'image des sept nains, les salariés réussissent tous les matins à se lever d'un pied léger et quitter leur maison fiers et heureux d'aller travailler. *Heigh-ho, heigh-ho!*

Et la volonté, késako ?

« La vie de l'homme dépend de sa volonté ;
sans volonté, elle serait abandonnée au hasard. »
CONFUCIUS

Motivation, volonté, quelle différence ? Déjà la motivation flirte avec la volonté.

Expliquons-le par une métaphore. Une personne a envie de faire une balade à vélo. La motivation va lui donner l'élan d'enfourcher sa bicyclette pour faire un grand tour dans la campagne ensoleillée puis, lorsqu'elle va se rendre compte qu'il y a des bosses et des montées, que le vent est plus frais qu'elle ne le pensait, qu'il est toujours de face, et que, finalement, ce n'est pas aussi *fun* que prévu, la motivation peut retomber à zéro d'un coup, et l'amener à rebrousser chemin. Pour continuer malgré le froid et la fatigue, la volonté et le mental doivent reprendre les commandes, avec cette petite voix intérieure qui refuse de lâcher et qui dit : « Je vais continuer quand même et malgré tout ! »

La motivation, c'est l'énergie première, la dopamine, l'étincelle qui nous met en mouvement, l'enthousiasme qui va nous faire démarrer un projet, puis, par nature (parce qu'une étincelle ne reste qu'une étincelle !), quand celle-ci commencera à s'essouffler, c'est la volonté qui servira de carburant pour continuer à avancer. Mais attention ! Notre volonté a aussi ses propres limites. Il faut la voir comme un grand réservoir d'énergie, un stock qui, comme toute provision, peut s'amenuiser. Chaque fois que l'on fait quelque chose qui ne nous correspond pas vraiment, on puise dans le stock de cette fameuse motivation « extrinsèque » et, cela devient un effort. Et là, forcément, à terme, on lâche !

Comment faire pour maintenir le niveau de « carburant » de la volonté ?

> **« *La motivation, c'est l'énergie qui nous met en mouvement ; la volonté, c'est le carburant qui nous fait tenir sur le long terme* »**

Sur la planète « médecine »

Pour trouver la réponse, j'ai visité une nouvelle « planète savante », celle de la médecine, avec Gonzague de Larocque, – ami et médecin addictologue – afin de profiter de son expertise scientifique. Sorte de « médecin philosophe », Gonzague fait non seulement partie des personnes qui « cherchent », s'interrogent et observent, mais il sait aussi vulgariser les concepts les plus compliqués. Avec lui, je comprends tout.

Médecin praticien et « homme de terrain », il a créé un « atelier de la volonté », et passe ses journées à aider des personnes en souffrance qui doivent absolument se débarrasser d'habitudes autodestructrices. Gonzague sait de quoi il parle. Parce que là, dans une telle pratique, on est en haut de l'échelle dans l'obligation de changement. Il s'agit de faire comprendre rapidement le lien entre motivation, volonté et changement d'habitudes… pour s'en sortir !

En résumé, voici ce que m'a appris Gonzague.

Actuellement, il existe deux concepts de volonté : la force qui nous pousse à faire quelque chose pour atteindre un objectif, et celle qui nous contrôle et qui nous retient – « fais pas ci, fais pas ça », comme la volonté de ne pas manger des cookies au chocolat quand on est au régime. Ce sont ces deux concepts qui sont aujourd'hui utilisés dans le domaine des sciences. En neurobiologie, par exemple, on a pu identifier les circuits de la récompense qui gèrent les fonctions vitales, comme le fait de boire, de manger ou d'avoir des rapports sexuels. Ces circuits actionnent à la fois un noyau de neurones qui « pousse » à consommer, et un autre qui « contrôle » la consommation. Fort heureusement, il existe un équilibre entre les deux : le matin, lorsque l'on a faim, on se fait, grâce au premier « noyau », des tartines à la confiture de fraise, mais, grâce au second, on ne mange pas toute la baguette à s'en rendre malade. On retrouve ces deux concepts en psychanalyse avec le « ça », cette force

> « *Toute action, si petite soit-elle, est déjà de la volonté* »

instinctive qui nous pousse à agir, et le « surmoi », qui embrasse les interdits sociaux et nous pousse au contraire à nous contrôler.

Face à ces deux notions en émerge une troisième, plus alternative : l'action volontaire. Selon Roberto Assagioli*, psychanalyste italien, volonté et action sont indissociables. Ainsi une action volontaire ne prend tout son sens qu'après avoir été exécutée.

C'est parce que l'on agit que nous avons une opinion sur nous, et que les autres nous renvoient une image de nous-mêmes. Je peux toujours répéter à l'envi que j'adore faire du sport le matin, que je trouve cela formidable de me réveiller plus tôt pour faire de l'exercice et me sentir en forme, si, tous les jours, je reste dans mon lit en laissant sonner le réveil pendant des heures, incarnant le fameux *you snooze, you lose*, il est peu probable que je sois fière de moi et que mon conjoint me renvoie, me concernant, l'image d'une personne sportive !

Pour Assagioli, il n'est de volonté que dans l'action. « Ce que l'on appelle la volonté, c'est l'action, me précise Gonzague. Et toute action, si petite soit-elle, est déjà de la volonté. Autrement dit, une personne qui est dans l'action, est forcément dans la volonté. » Pour parodier Descartes, le concept de l'action volontaire est : « J'agis donc je suis ! »

---

* *La volonté libératrice*, 1973, Oriane, 1999.

Des expressions comme « tu n'as pas de volonté », « si tu avais de la volonté, tu arrêterais » ou bien « ce n'est qu'une question de volonté » n'ont plus de sens dans un monde où tout est action. Toute action est volontaire !

Ne pas avoir de volonté reviendrait à ne pas être dans l'action, or cela n'est pas possible. Même quand on ne fait rien, on « fait » ce rien, qui est quand même quelque chose ! Seuls les morts sont dans l'inaction. Et voilà, la première bonne nouvelle que nous apporte le concept de l'action volontaire : nous sommes vivants ! La vie, c'est ça, une série ininterrompue d'actions. Étant vivants, nous sommes obligatoirement dans l'action : obligés de respirer, de boire, de manger, d'aller à droite à gauche… Obligés d'agir.

Résumons : chacun possède un « capital volonté » et la volonté, c'est l'action.

Pour autant, il faut reconnaître qu'il existe des actions pour lesquelles on se mobilise plus facilement que pour d'autres, et des moments de notre vie où il nous est plus facile d'agir. Ceci est le cas quand le moral est bon. Pendant des périodes de déprime, même prévoir des vacances au soleil peut devenir une tâche laborieuse !

Petite parenthèse : si vous constatez qu'en dépit de vos efforts, vous ne parvenez pas à vous motiver, que vous êtes sans cesse épuisé et « sans jus », il est peut être nécessaire de consulter votre médecin : en effet, cette perte de motivation, cette fatigue chronique, ce « j'ai pas envie » qui empêche d'avancer peuvent cacher une dépression clinique qu'il est indispensable d'identifier et de traiter.

Il faut aussi noter qu'il existe des inégalités : certaines personnes débordent d'énergie alors que d'autres ont plus de mal à se mouvoir. Mais, dans tous les cas, chacun possède un minimum de « capital volonté ». L'important, la base du changement, pour se donner confiance et réussir à modifier ses habitudes, c'est de partir de ce minimum. Vous pouvez toujours l'actionner à votre niveau et dans n'importe quelles circonstances, y compris celle de vous lever plus tôt le matin !

L'action volontaire ou comment muscler sa volonté

Et là intervient une autre bonne nouvelle apportée par le concept de l'action volontaire : ce capital volonté peut se développer ! Comme les muscles ou la mémoire, plus on le travaille, plus il grossit et se développe ! C'est un mécanisme très important à garder en tête et auquel il faut se raccrocher quand on perd un peu le cap : c'est la loi de l'action. Plus on agit, plus on augmente sa capacité à agir. Plus on fait, plus on augmente sa capacité à faire ! C'est un cercle vertueux. La volonté, ça se travaille ! Et pour accroître son capital volonté, il va falloir y consacrer du temps.

Pas de secret donc pour baragouiner autre chose que deux mots – *buongiorno* et *grazie* – devant vos amis italiens l'été prochain : vous devrez ouvrir chaque jour votre manuel, réciter à voix haute et regarder des films en VO.

> **Chacun possède un « capital volonté » et la volonté, c'est l'action**

« La répétition d'actions augmente le besoin de les répéter plus encore et rend leur réalisation plus facile et plus efficace jusqu'à ce qu'elles puissent être exécutées inconsciemment. C'est de cette façon que sont forgées les habitudes. Elles peuvent être comparées à des rues ou des avenues ; il est tellement plus facile et plus commode de marcher le long d'une rue que de se frayer un passage au travers des broussailles d'un pays sauvage. »*

Pour y parvenir, **décomposons une action volontaire en 6 étapes**, depuis son objectif jusqu'à son exécution.

① Déjà : toute action a un objectif.
Pour comprendre ce qu'est un objectif, prenons une image simple : la marche. Pour marcher, il faut légèrement se déséquilibrer en avant, sans cela, il n'y a pas de mouvement. On parle d'alternance entre la phase d'appui, là où le pied touche terre, et celle « oscillante », lorsque le pied n'est plus en contact avec le sol. Toute action entraîne un inconfort, donc de l'ambivalence. Un objectif est par nature une mise en déséquilibre. Et pour qu'il soit mobilisateur, il doit recouvrir un certain nombre de conditions : il doit être défini, réaliste, motivé et en accord avec nos valeurs.

② Toute action est multiforme...
… et ses formes peuvent être conscientes et/ou inconscientes. Il est très important d'essayer de bien les conscientiser, en se posant la question du « pourquoi je fais telle chose ou telle autre ? », et de savoir y répondre encore une fois. Prenons une action que nous pratiquons tous au quotidien : l'acte de se lever. « Pourquoi je me lève ? » Bien évidemment, il n'y a ni bonne ni

* Roberto Assagioli, déjà cité.

mauvaise réponse, et la liste des raisons peut être longue. « Je me lève parce que je n'ai plus sommeil, parce que j'ai mal au dos, parce que j'ai hâte d'aller travailler, parce que j'ai faim, parce que je n'en peux plus d'entendre mon conjoint ronfler, ou au contraire parce que je veux prendre mon petit-déjeuner avec lui », etc. Cet exercice démontre bien que, pour une même action simple, « se lever », nos motivations vont de la satisfaction d'un besoin ou d'un plaisir par anticipation à la fuite d'une situation désagréable… comme un irritant ronflement ! Conscientiser ce qui se trouve derrière l'action peut être très utile pour identifier, notamment, la vraie nature de votre motivation.

③ Toute action nous demande de faire un choix.

S'il est important de délibérer parmi toutes les formes que peut prendre notre action, c'est parce qu'il est possible que certaines d'entre elles ne sont pas compatibles : on ne peut pas voir le dos et la face de sa propre main simultanément, et inversement. On ne peut pas se lever pour se dépêcher d'aller travailler et, en même temps, profiter longuement d'un petit-déjeuner avec son amoureux ! C'est l'épineuse question du choix. Et choisir, ça embête tout le monde. Nous avons tous au fond de nous – un peu – de cet éternel adolescent qui veut tout avoir en même temps !

Choisir, c'est une tannée ! Difficile de trancher. Une idée commune dit que « choisir, c'est renoncer ». Ainsi on concentre son attention sur tout ce que l'on va perdre. Mais, après tout, pourquoi regarder le verre à moitié vide alors qu'il est moitié plein ? Pourquoi ne pas se dire « choisir, c'est *préférer* » ? En réalité, non seulement il est plus facile de préférer que de renoncer, mais on aboutit en plus au même résultat : nous faisons un choix. Et, comme à chaque fois que l'on arrive à trancher, on avance !

④ **Toute action a besoin d'une petite dose d'affirmation de soi.** Toute action nous amène en bateau – humour – avec nous à la barre, face aux vents et aux vagues. Pour arriver sains et saufs à destination, alors que l'on est soumis en permanence à des influences extérieures, il faut savoir maintenir le cap. Nous entendons toujours des « pour » et des « contre », des jugements ou des conseils, des « tu as raison » ou des « tu te trompes », voire des « c'est n'importe quoi »… Au milieu de tous ces avis contradictoires et ces vents contraires, il est très important d'avoir sa petite boussole pour maintenir le cap. Notre boussole, justement, ce sont nos valeurs !
Imaginons une personne qui s'est fixé l'objectif de se lever plus tôt pour aider un collègue de travail. La veille, elle a avancé son réveil mais, lorsqu'il sonne, son amoureux l'enlace et lui propose un câlin. L'instant vient de faire ce fameux choix. C'est là qu'interviennent les valeurs. Si sa valeur prédominante est l'« Engagement » et si cette personne est plutôt affirmée, alors elle embrassera tendrement son amoureux en lui promettant de répondre à cette jolie proposition dès son retour en soirée, et filera au boulot rejoindre son collègue pour l'aider comme prévu. Elle aura affirmé son objectif. Si sa valeur prioritaire est l'« Amour », alors elle enverra un SMS à son collègue pour lui proposer de décaler leur rendez-vous. Plus notre action est en accord avec nos valeurs, plus notre affirmation de nous-mêmes est renforcée, plus nous tenons le cap, et plus nous sommes en mesure d'atteindre notre objectif !

Toute action volontaire doit être planifiée.

Certes, on a vu que plus on agit, plus on augmente sa capacité à agir. Cependant, il faut organiser cette action ! La télé-portation, chère au Captain Kirk dans *Star Trek*, n'existant malheureusement pas encore, on ne peut passer d'une situation A à une situation B sans avoir fait l'effort de structurer son action jusqu'à sa réalisation finale. Il faut bien évidemment avant toute chose fixer le cap, puis planifier, organiser et se projeter dans plusieurs étapes intermédiaires.

Une opération qui peut engendrer deux pièges :

- le premier : on prévoit de grandes et longues étapes, trop ambitieuses d'emblée et pouvant nous mener à l'échec. Ça n'est pas très réaliste de se dire, sans la moindre préparation, « demain, je grimpe le mont Ventoux ! ». Ce col mythique du Tour de France, connu pour la raideur de ses pentes... Mieux vaut, dans ce cas, se programmer des étapes intermédiaires, davantage à notre portée, les franchir une à une, nous forgeant ainsi une confiance qui, d'étape en étape, de lacet en lacet, nous mènera en haut de ce col si cher à nos amis cyclistes ;
- le second est son opposé : on se donne trop d'étapes intermédiaires, tellement petites que l'on finit par se perdre et ne jamais atteindre le cap fixé. Notre « mont Ventoux » nous semble toujours aussi loin malgré les durs efforts que nous faisons pour nous en rapprocher ! Grimper ce col en faisant de longues pauses à chaque petite montée gagnée pourrait finir par démobiliser notre belle motivation initiale d'atteindre le sommet avant le coucher du soleil. Sur la longueur, malheureusement, ce mode de fonctionnement finit plutôt par favoriser l'usure et l'abandon. Et hop, retour dans la voiture-balai !

⑥ Toute action volontaire s'achève dans l'exécution.
Nous arrivons ici à la dernière étape de l'action volontaire : l'exécution. Objectif : nous souhaitons partir en week-end avec notre amoureux. Nous avons bien défini notre objectif. Il est réaliste, motivé et va dans le sens de nos valeurs. Nous avons tout organisé et affirmé notre but en refusant une autre invitation. Maintenant, il est temps de partir, on n'a plus qu'à mettre la clé dans le contact, et hop, on démarre ! C'est l'exécution.

Tel est le concept de l'action volontaire. Non pas une force qui pousse ou qui contrôle, mais notre propre force. Nous sommes le chef d'orchestre de nos propres pensées, de nos émotions et de notre imagination.

L'action volontaire peut, ainsi décomposée, paraître complexe mais cette mise en étapes est ce que nous faisons en permanence sans nous en rendre compte. Que faisons-nous d'autre en nous levant sinon définir un objectif et faire des choix ? Se brosser les dents avant ou après la douche, planifier des étapes qui vont nous mener à la salle de bains, au petit-déjeuner, à la gare. Seulement, nous avons mis en œuvre ces actions tellement de fois, elles sont si bien intégrées, que l'on n'y pense même plus !

Mais cela n'a pas toujours été le cas. Il suffit de nous replonger dans notre jeune enfance, et de penser à la manière dont nous avons appris à faire du vélo. Il est probable qu'au départ, on avait un tricycle et, qu'un beau jour, un adulte a décidé de retirer les petites roues, a tenu la selle et nous a poussés en avant. On avait d'abord le sentiment que l'on pouvait tomber à tout moment et cela nous faisait un peu peur. Puis, un jour, on a trouvé notre point d'équilibre et on a su faire du vélo. À force de pratiquer, nous pouvons maintenant rouler fièrement sur notre beau vélo même en parlant à un compagnon de route. Notre vélo a pu prendre la forme d'une habitude si on l'utilise tous les jours pour aller travailler. Et même s'il reste plusieurs années au garage, il est bien connu que « le vélo, ça ne s'oublie jamais ! »

L'action, quand elle se répète, finit par devenir une habitude : voilà un élément supplémentaire pour comprendre ce que l'on fait, pourquoi et comment ! Tout l'enjeu est maintenant de prendre de nouvelles habitudes fonctionnelles, qui vont nous servir dans notre vie, là, ici, tout de suite.

Combattre des croyances

Pour cela, il faut absolument sortir de deux premiers « mythes » desquels on peut être prisonniers :

- **Mythe n° 1 : « Ça doit être naturel. »** On croit souvent que les choses vont se faire tout naturellement, comme si c'était une évidence. Puisque nous l'avons décidé un matin, cela va se faire tout seul ! En réalité, pas du tout. Changer et installer de nouvelles habitudes, c'est un vrai travail qui nécessite pas mal d'énergie et beaucoup de constance, voire de discipline.

- **Mythe n° 2 : « Il faut que ça me fasse plaisir. »** « Dans nos consciences modernes où le plaisir, les loisirs, le divertissement sont les grandes valeurs refuges, il est possible de croire que changer pour prendre de nouvelles habitudes sera forcément une partie de plaisir. Nous entendons tous très souvent : “Faut se faire plaisir !” Mauvaise nouvelle pour celles et ceux qui ne sont que dans le *fun* ; changer d’habitudes peut être dur, sans plaisir immédiat. Pour prendre de nouvelles habitudes, poursuit Gonzague de Larocque, mon ami médecin, il faut se mettre dans une situation de travail, à tout le moins, de contrainte. Et le travail, ce n’est ni plaisant, ni déplaisant. C’est le travail. Le plaisir, c’est ce qui vient après, bien après, une fois que l’habitude est prise. »

Une patineuse, avant de se tenir bien droite, devra chuter un nombre incalculable de fois sur la glace. Mais, à chaque fois, grâce au mental, parfois dans la douleur, elle remontera sur ses patins ; elle reproduira l’exercice, encore et encore, ne cessera pas de s’entraîner avant de pouvoir, enfin, « kiffer », et se laisser aller à des axels, des boucles piquées, des lutz, des flips et autres figures si difficilement acquises.

La grande réalité, c’est que, pour y arriver, on est obligés dans un premier temps de se forcer.

- **Mythe n° 3 : « Pour passer à l’action, il faudrait que j’aie plus confiance en moi.** » C’est exactement la même chose ici ! Les gens s’imaginent qu’ils doivent D’ABORD avoir confiance en eux pour pouvoir accomplir quelque chose, alors que c’est exactement l’inverse qui fait foi : il faut D’ABORD accomplir quelque chose, la tête pleine de doutes et d’incertitudes sur sa capacité à le faire, pour ensuite constater qu’on y est arrivé ! C’est de ce résultat, sur ce succès petit ou grand, qu’émerge la confiance en soi. La « confiance en soi » est un fruit, un résultat, une résultante de l’action – PAS un préalable à l’action ! Donc n’attendez pas d’avoir confiance en vous pour accomplir quelque chose – faites-le ! C'est après seulement que vous savourerez le délicieux goût de la confiance en soi.

D'ailleurs, directement en lien avec la confiance en soi, un conseil : quand on définit un objectif, le mieux est d'en parler le moins possible et de manière très ciblée. De manière générale, nous pouvons choisir des personnes de notre entourage qui pourront nous soutenir et nous encourager si cela est nécessaire, des « partenaires bienveillants » en quelque sorte. Après, de deux choses l'une. Soit nous sommes déjà suffisamment affirmés et en confiance, dans ce cas, en parler n'est pas un souci ; cela ne servira peut-être pas à grand-chose si ce n'est à inspirer une forme d'admiration de leur part qui peut être porteuse. Soit nous ne sommes pas très affirmés, et comme nous ne pouvons empêcher les gens de donner leur avis et d'exprimer leur point de vue, positif ou négatif, en parler à trop de monde pourrait finir par nous déstabiliser, et nous renvoyer, à terme, une très mauvaise image de nous-mêmes si quelques semaines ou quelques mois plus tard nous déclarons forfait !

> *Un conseil : trouvez des proches bienveillants qui pourront vous soutenir et vous encourager !*

On a donc vu le plus important : il faut s'exercer ! Pour la gymnastique de la volonté, tout peut servir d'agrès. La vie peut devenir un immense terrain de jeux pour s'entraîner à accroître notre capital volonté. Par un effort constant et des exercices réguliers, les habitudes finissent par « se prendre », c'est comme ça ! Quand on arrête de pédaler, le vélo finit par tomber… et nous avec.

S'exercer, oui, mais combien de temps ?

« Nous sommes ce que nous répétons chaque jour. L'excellence n'est alors plus un acte, mais une habitude. »
ARISTOTE

On entend souvent qu'il faut 21 jours pour changer une de nos habitudes, mais d'après une étude* récente, en fonction de nos profils, il faudrait plutôt compter entre deux à huit mois, soit en moyenne 66 jours. « Le temps exact dépend d'un grand nombre de facteurs et n'est pas aussi important que le message global : prendre une nouvelle habitude peut prendre beaucoup de temps », dit Gonzague.

* Philippa Lally, chercheuse en psychologie de la santé à l'University College London, « How are habits formed: Modelling habit formation in the real world », *European Journal of Social Psychology*, octobre 2010.

De toute façon, 21 ou 66, peu importe… Avant de devenir une normalité dans notre quotidien, les habitudes prennent part à un long processus. Elles ne fonctionnent pas sur la base du « tout ou rien » ou du simple claquement de doigts. Il vaut mieux penser « endurance » que « sprint » !

Mais rassurez-vous : l'effort initial est le plus difficile à fournir ; une fois lancé, c'est plus facile. On sait que 90 % de l'énergie d'une fusée sont consommés au départ, pour l'arracher à l'attraction terrestre ; seulement 10 % sont nécessaires pour aller sur la Lune et en revenir !

Prenez juste conscience que vous devrez nourrir votre résolution de beaucoup d'énergie ET VOUS Y TENIR SUFFISAMMENT LONGTEMPS pour vous dégager de vos habitudes antérieures. Avec, à la clef, une bonne sensation de calme et de fierté !

Enfin, dites-vous que vos résolutions seront bien plus faciles à tenir si vous définissez clairement vos objectifs. Comment faire ? Lisez la suite !

> *Il faudrait entre 2 à 8 mois pour ancrer une habitude. La clé ? Penser « endurance » plutôt que « sprint »*

Delphine Remy-Boutang

FONDATRICE DE THE BUREAU*, CO-FONDATRICE DE LA JOURNÉE DE LA FEMME DIGITALE

Images du matin

La zénitude, le calme, la pureté.

Pour moi, le matin, c'est le calme, la pureté. Tout n'a pas encore commencé et, l'idée, c'est de commencer avant tout le monde pour être beaucoup plus efficace. Quand se continue le matin, en milieu de matinée, c'est beaucoup plus chaotique.

Alouette ou chouette ?

Naturellement, je suis plutôt du matin que du soir. Mon éducation, c'était : « L'avenir appartient à ceux qui se lèvent tôt. » C'est resté !

Réveil

Le matin, c'est très très tôt ! Le plus tôt possible ! 6 h ! Parfois plus tôt, mais j'essaie de me rendormir parce que je ne me couche pas très tôt non plus, et il faut quand même dormir !

Quelle motivation pour se lever ?

Intrinsèquement, je me sens responsable de mes équipes : j'ai créé des emplois et il faut que je les garde. Mes salariés ont une vie, ils travaillent, ils viennent à l'agence tous les jours : j'ai envie qu'ils soient heureux, qu'ils soient bien, qu'ils gardent leur job. La difficulté de tous les entrepreneurs, le nerf de la guerre, c'est la trésorerie, l'argent qui doit rentrer, se faire payer par tous ses clients… Ce qui me fait me réveiller le matin, c'est ça. **…/**

* Agence conseil stratégique en social media, www.thebureau.fr

/...

Routines

Je démarre très vite, pas de moment « zombie » : dans un claquement de doigts ! Je fais vite les choses que je n'aurai pas le temps de faire, ou pas aussi bien, dans la journée.

◗ Twitter® et réseaux sociaux pendant dix, quinze minutes : je regarde l'actualité, ce qui s'est dit, j'essaie de trouver des idées innovantes, des phrases *punchy* pour *coacher/booster/*motiver mes équipes.

◗ Traitement de mes mails pendant quinze, vingt minutes. Quand on est une start-up, tout va très vite, on est de petites équipes donc il faut manager son temps au maximum. J'écris des mails pour m'avancer dans mon travail, stimuler et informer mes équipes pour qu'elles n'oublient rien...

◗ Yoga Bikram pendant une heure ou une heure trente – yoga qui se pratique dans une salle chauffée à 42° C. J'ai de la chance d'avoir un espace Bikram à trois secondes trente de la maison, donc je pars de chez moi en tenue de yoga et je file là-bas ! C'est très intense mais c'est une façon pour moi de me déconnecter digitalement. C'est un moment de connexion avec moi-même : ça me permet de garder en vue mes objectifs, d'avoir la *big picture*. On est tous énervés, frustrés, irrités, mais, en même temps, il y a plein de choses sur lesquelles on doit passer pour visualiser nos objectifs. Ces moments sont importants pour me recentrer et me dire que tout va bien. Il faut rester positif !

Pour moi, avoir ces moments de routine, c'est très rassurant et très important pour pouvoir atteindre mes objectifs personnels. Les routines, ça nous aide à maintenir le cap ! .../

/...

Impact

Travailler plus et beaucoup plus efficacement tout en ayant une vie à soi ! Pour moi, se lever le matin, c'est avoir un esprit positif pour aller travailler sans se sentir submergée, finir plus tôt pour avoir une vie de famille, du temps pour soi, et ses enfants... Un vrai équilibre ! En France, le fléau, c'est le « présentéisme ». C'est très souvent incarné par les hommes. C'est le fait d'être présent coûte que coûte : on doit être là, au bureau, finir tard le soir, etc. En Angleterre, si on finit tard, on est mal vu ! Les Anglo-Saxons pensent que si l'on finit tard, c'est que l'on a mal organisé sa journée. On peut arriver à organiser une journée productive en peu d'heures plutôt que de faire une longue journée avec une perte progressive de productivité... Ça permet de rester innovant et, on le sait, l'innovation est le moteur numéro 1 de la croissance ! Le matin, tout est possible : on se sent conquérant du monde ! Ne dit-on pas que le monde appartient à ceux qui se lèvent tôt ?!

MES OBJECTIFS : COMMENT LES DÉFINIR ?

« Il n'y a pas de vent favorable
pour celui qui ne connaît pas son port de destination. »
Sénèque

J'adore les GPS. Ils sont super intelligents et tellement pratiques. Dès que je monte dans ma petite voiture, je mets en route le mien et il m'indique le chemin. Tellement simple ! Je ne pourrais plus m'en passer. Savez-vous comment ça marche ? La géolocalisation par GPS (*Global Positionning System*) utilise un récepteur qui reçoit en permanence un signal émis par vingt-quatre satellites orbitant à plus de 20 000 kilomètres d'altitude ! Formidable technologie, non ? Vingt-quatre satellites juste pour m'aider à aller de Paris à Courcouronnes, en banlieue sud. Et bien, malgré tous ces puissants satellites, si je lui indique une destination imprécise, je prends de sérieux risques qu'il me guide de façon assez approximative et là… je n'ose imaginer où je pourrais me retrouver !

Et bien, c'est précisément de cela dont il s'agit : d'une adresse précise, et non d'une destination un rien aléatoire. Cela fonctionne de la même façon avec la définition de nos objectifs. S'ils sont trop vagues et imprécis, nous passons à côté des résultats attendus.

Avec mon « GPS interne », si je programme par exemple d'« aller au soleil », et qu'en première indication, je lui donne la destination « Sud de la France », il peut tout aussi bien m'amener à Antibes, Marseille, Gap, Narbonne ou Bayonne. Pour peu, d'ailleurs, qu'il ne soit configuré que pour la France, sinon je pourrais même atterrir à Barcelone ou Naples ! Bref, nous sommes d'accord : nous pouvons tomber sur des points de chute sensiblement différents ! D'un côté, il y aurait les grandes villes, de l'autre les moyennes. Certaines se situent en bord de mer, d'autres en montagne, certaines sont calmes et tranquilles, d'autres plus agitées… Nous l'aurons donc compris : avoir comme objectif d'« aller au soleil » ne suffit pas pour savoir exactement où nous voudrions profiter de ses rayons, et répondre parfaitement à notre envie. Il y a un pas entre « objectif » et « réussite » de celui-ci. Parfois des kilomètres !

> ***Si vos objectifs sont trop vagues, vous passerez à côté des résultats attendus***

De la précision avant tout

Si l'on veut s'assurer de leur succès, il faut se fixer des objectifs précis : « Il faut bien clarifier l'objectif pour le rendre fonctionnel » (*dixit* Gonzague de Larocque, médecin addictologue). Mais « clarifier » n'est pas si simple. Comment apprendre à définir nos buts plus précisément ? Pour cela, il faut creuser, aller plus loin, s'appuyer sur une méthode.

J'ai de nouveau fait appel à l'un de mes amis, Pascal Sartor, *coach* et formateur en management de projet, spécialiste en organisation. À chaque fois que j'ai eu besoin de lui sur un plan professionnel, il m'a toujours apporté les bonnes méthodes, faciles, réutilisables et reproductibles. Il est bienveillant, pédagogue… et serviable. Rendez-vous Skype™ fixé à 9 h du matin un jour de week-end… Pas si matinal que cela, parce que, il l'avoue : le dimanche, il n'est pas du matin !

« Trop souvent, nous abordons nos projets avec un objectif de type général comme "je veux être plus en forme, plus heureux, plus riche"… m'explique d'abord Pascal. Dans ce cas, même si l'objectif nous donne une direction et un élan, on ne sait pas du tout, au bout du compte, comment et par quelle opération du Saint-Esprit nous serons plus en forme, plus heureux ou plus riches. »

Alors, comment clarifier ?

Voici une grille simple élaborée d'après **4 grands points de contrôle :**

① **Le premier porte sur l'objectif lui-même : il faut qu'il soit…** spécifique, mesurable, atteignable et réaliste. Il doit également être défini dans le temps, puis planifié, sinon il rejoint le fantasme ou le rêve. On reste alors dans le flou et l'inaction et, *in fine*, on ne fait rien !

- **Spécifique :** c'est-à-dire précis, clair, concret.
- **Mesurable :** on pourra facilement évaluer si on l'a atteint ou non.
- **Atteignable et réaliste :** réalisable dans l'absolu, et réalisable ici maintenant.
- **Défini dans le temps :** avec une durée, un délai, voire une fréquence.
- **Planifié :** concrètement programmé et noté dans votre agenda.
- **Enthousiaste et positif :** comment arrive-t-on à rendre un objectif spécifique, mesurable, réaliste, défini dans le temps et planifié… tout ça avec le sourire ? Simple !

DESSINE-MOI UN MOUTON, NON… UN ARBRE !

Prenons une feuille vierge et écrivons tout en haut notre objectif général, par exemple « je veux être plus heureux » ou « je veux être plus en forme ».
Puis, comme pour les racines d'un arbre, on descend en déclinant la question du **« comment ? »** : « Comment être plus heureux ? » Et bien, en voulant « faire du sport », « voir davantage mes amis », « travailler moins ou différemment »... Là, on aborde des objectifs déjà plus précis, mais dits « intermédiaires » car on ne sait toujours pas comment les atteindre.
Donc on continue, on « descend » toujours en se répétant cette question : « Comment ? » Notre arbre va donc encore se subdiviser, comme un organigramme. Faire du sport, très bien, mais comment ? Faire du *running*, aller à la piscine, s'inscrire à une salle de sport... ? On aboutit alors à un objectif opérationnel plus net. Et lorsque nous arrivons à élaborer « je veux aller courir une bonne heure tous les dimanches matin pendant l'année scolaire », *bingo* ! Nous avons défini notre objectif avec l'ensemble des critères nécessaires. Et, de suite, il prendra place dans notre agenda pour les mois à venir. Voir nos baskets bien en évidence dans l'entrée nous remplira alors d'enthousiasme !
Pour bien faire, nous pourrions aussi vérifier quels pourraient être les freins possibles à la bonne mise en œuvre de cet objectif : un rythme de vie très/trop irrégulier, la fatigue, la pluie, votre fille de 2 ans qui vous réclamera, etc. Quelles seraient alors les ressources nécessaires pour dépasser ces obstacles ? Par exemple, « m'inscrire dans un groupe de *runners* », « demander à mon compagnon de s'occuper de notre fille », « investir dans un bon coupe-vent imperméable », et ainsi de suite.

② **Le deuxième point de contrôle porte sur le résultat visé.** C'est le niveau des bénéfices que nous attendons à travers notre projet. On doit ici se poser cette question : **« Qu'est-ce que cela va m'apporter ? »** ou « pour quelles raisons ai-je envie d'aller courir ? » Nous rejoignons la question de la motivation et de la volonté, avec une nuance toutefois : lorsque nous sommes enjoués par ce que nous allons obtenir à travers notre projet, c'est-à-dire le but, c'est la motivation qui est en action.

Si notre enthousiasme se porte sur ce nous allons pouvoir faire ou devenir à travers celui-ci – le gain –, c'est la volonté que nous déployons. Plus l'objectif a des avantages/bénéfices intéressants, plus on est motivés et plus on tient sur le long terme. Exemple d'objectif : « Doubler mes revenus » – rêvons un peu ! Exemple de résultats visés : sécurité, tranquillité d'esprit et grands voyages.

Les résultats espérés sont fondamentalement liés au sens que l'on donne à sa vie : « Qu'est-ce qui est important pour moi de vivre ? de faire ? Qui ai-je envie de devenir ? »… Cela implique de s'interroger sur ses propres valeurs. Il faut donc vraiment creuser le « pourquoi » de cette détermination à adopter de nouveaux comportements… C'est incontestablement la réponse à cette question qui fera que l'on « tiendra » les jours où l'on sera tenté de baisser les bras… et de rester au lit !

> *Plus votre motivation se fonde sur vos valeurs profondes, plus vous résisterez à la paresse et à la lassitude*

LES VALEURS, NOTRE BOUSSOLE

Gonzague*, médecin addictologue, nous l'a rappelé : une motivation fiable se fonde sur nos valeurs profondes, s'appuie sur les grands principes qui régissent notre vie. Les valeurs, c'est notre boussole. Elles nous indiquent la direction que nous devons emprunter. Elles sont le fil d'Ariane dans la brume ou la tempête. Elles sont positives et belles (puisque ce sont les nôtres !), comme l'amour, l'amitié, la famille, le courage, la sérénité, le bien-être, l'honnêteté, la justice, le service public, etc.

Par exemple, je vais être motivé pour aller faire du bénévolat dans une association de personnes en difficulté car je tiens au principe, à la valeur, de solidarité entre individus. Autre exemple, je vais vouloir apprendre la méditation car je sais que cela va m'apaiser dans mes relations avec mon conjoint et mes enfants – ceci au nom de la valeur de bien-être et d'harmonie qui régit ma vie et mon rapport aux autres.

Et autant l'objectif est un but à atteindre qui s'arrête forcément dans le temps – si vous voulez atteindre X, une fois que vous l'aurez atteint, X prendra fin –, autant les valeurs, elles, perdurent. Pour un couple d'amoureux, se marier peut être un objectif ; la valeur qui l'accompagne, c'est l'amour. Normalement, et c'est à souhaiter, cela ne se limite pas au jour J du mariage. (Sinon, il y a comme un problème !)

Connaître les valeurs qui sous-tendent nos actions revient à comprendre ce que l'on cherche à travers elles. Évidemment, il est plus facile de se mobiliser quand on va dans leur sens qu'à l'inverse ! Si l'une de vos valeurs est l'indépendance par exemple, et que l'on vous dit que vous êtes « obligé » de vous réveiller pour

.../

* Voir p. 83.

/...

aller travailler dans une structure hyper contrôlée, cela ne va pas être très motivant. Si, à l'inverse, vos valeurs sont la curiosité, l'esprit d'aventure, le challenge... et que vous vous levez pour mesurer les résultats d'une expérience que vous avez faite la veille, au bureau, là, c'est tout de suite plus mobilisateur !
Plus une motivation prend ses racines dans des valeurs qui nous sont chères, plus elle est solide et à l'épreuve du temps, de la lassitude et de la paresse.

③ Le troisième point de contrôle de notre objectif concerne son intégrité.
Cela rejoint aussi son « écologie ». **« Est-ce que mon objectif ne va pas nuire à d'autres ? »** « Qui implique-t-il ? » « Dépend-il d'autres personnes que moi ? » « Ai-je besoin des autres pour l'atteindre ? » Prenons un nouvel exemple : si votre objectif est d'apprendre la guitare tous les matins pendant vingt minutes et que vous vivez dans un petit studio, il vous sera difficile de le faire sans allumer la lumière… et réveiller votre conjoint(e). Il faudra voir avec lui (elle) comment mettre votre idée en pratique sans le (la) déranger et sans déséquilibrer votre harmonie. De la même façon, se coucher plus tôt régulièrement implique une vie sociale réajustée en réduisant ou réorganisant soirées ou dîners entre amis. Cela aussi se décide à deux. L'intégrité de votre objectif parle de son impact sur votre environnement, votre partenaire, vos enfants, vos colocataires, vos voisins… Sans cela, comme pour reste, cela peut devenir une source de conflit ou d'échec !

④ **Enfin, viennent en dernier les critères d'évaluation.** Parfois, ces critères sont évidents lorsqu'ils concernent une performance précise comme « courir le prochain semi-marathon de Paris en deux heures vingt minutes » car ils sont inscrits dans la définition de départ. Dans le cas contraire, deux bonnes questions sont à se poser pour évaluer la bonne réalisation de notre objectif :

Comment saurez-vous que vous êtes dans la bonne direction ?
Comment saurez-vous que votre objectif est atteint ?

Pour ma part, la réponse a vite fusé : « Lorsque je n'aurai plus envie de fracasser mon réveil contre le mur et que je me réveillerai sans peine à 6 h 30 du matin, sourire aux lèvres ! »

Évaluez vos chances de réussite sur une échelle de 1 à 10 : en dessous de 8, vous devrez retourner à la case départ pour réévaluer votre objectif en déterminant ce qu'il vous manque pour arriver à 9. Le chiffre 9 étant le minimum pour démarrer !

Il est absolument fondamental que vous formalisiez votre objectif par écrit ET de manière positive. J'insiste bien là-dessus : de manière POSITIVE ! Comme : « À partir d'aujourd'hui, je prends plaisir à me lever à 6 h 30 pour écrire mon livre / faire du yoga / méditer… »

Pour ma part, j'ai évalué à 10 mes chances de réussir à me lever une heure plus tôt que d'habitude ! Mon objectif étant : « Me lever tous les jours à 6 h 30 pour réaliser mon projet personnel : écrire un livre sur le pouvoir du matin ! »

> ***Le cerveau ne comprend pas la négation, c'est pourquoi il faut toujours penser sous la forme positive***

Mon objectif a donc toutes les caractéristiques. Il est :

- spécifique, clair. J'ai le sujet, la matière, les nombreuses interviews de 365Mornings, la structure, les chapitres… et il vient de moi, naît de mon envie !
- mesurable : je vais facilement pouvoir l'évaluer puisqu'il deviendra un « vrai » livre vendu dans toutes les bonnes librairies ;
- atteignable et réaliste. Il est réalisable dans l'absolu : j'aime écrire. Et réaliste : je m'en donne les moyens en me levant une heure plus tôt que d'habitude ;
- défini dans le temps. Une durée, une fréquence et un délai : une heure d'écriture au minimum par jour pendant six mois ;
- planifié : concrètement, ce nouveau rendez-vous avec moi-même est noté et programmé dans mon agenda tous les matins à 6 h 30 ;
- enthousiaste et positif : je prends du plaisir rien qu'en y pensant, parce que, cerise sur le gâteau, j'ai rencontré un éditeur formidable ! Donc, non seulement je vais prendre plaisir à l'écrire, mais comme il sera édité, j'exulte à l'idée que celui-ci pourra accompagner plein de nouveaux adeptes de l'aurore matinale, qui verront ainsi leur vie se transformer.

Maintenant, « yakafaucon » ! À nous, à vous de jouer !

Penser positif, pourquoi est-ce important ?

Pourquoi est-ce si difficile de dire simplement « c'est bien ! » ? Nous ne nous en rendons pas forcément compte mais nous utilisons beaucoup de négations au quotidien. Par exemple, lorsque l'on aime quelque chose, on peut s'entendre dire : « C'est pas mal ! » Et vous avez peut-être, comme moi, une amie qui ne peut s'empêcher de répondre par un « non, mais oui, c'est bien ! » Négation sur négation pour exprimer un sentiment positif, alors que, bien sûr, il est plus simple de formuler directement un grand « oui, super ! »

Or, le problème est que le cerveau ne saisit pas la négation. Pour reprendre un exemple connu, si l'on nous demande « je ne veux pas que tu penses à un éléphant rose », que se passe-t-il ? Hop ! On l'imprime dans notre tête ! Parce que notre cerveau va d'abord se forger l'image de l'éléphant rose, *puis* comprendre intellectuellement la négation, et mettre une croix sur celui-ci : « Ah oui, zut, il ne faut pas penser à un éléphant rose ! » Mais entre-temps, notre cerveau l'aura fixé et mémorisé. Bref, l'éléphant rose aura laissé une empreinte qui sera en arrière-plan de nos pensées et de nos comportements. Alors, bien sûr, dans cet exemple, il ne s'agit que d'un éléphant rose, mais… on peut voir le risque dans des formules comme « ne cours pas, tu vas tomber » ou « n'ayons pas peur ». Là, les mots « tomber » ou « peur » ne manqueront pas de résonner dans notre psychisme comme un sonar de sous-marin.

Pour communiquer efficacement, il faudrait donc employer la forme positive. « Marche lentement ». « Prends ton temps ». « Restons calmes ». C'est-à-dire voir la bouteille à moitié pleine. C'est comme installer un moteur de recherche dans notre subconscient pour filtrer rapidement les données. Une fois que l'on a inséré le mot-clef « positif » dans la barre de navigation, le moteur, rempli de sa puissance de concentration, va se charger tout seul comme un grand de trouver des options adaptées, et nous amener à réagir en mode « solution et action ».

Il faut donc nous forcer à ne plus nous focaliser sur ce que nous ne voulons pas, car, nous faisons précisément exister ce sur quoi nous portons notre attention avec la force d'un aimant. En vélo, si on ne veut pas se prendre le trottoir, il ne faut surtout pas le fixer… mais plutôt regarder là où nous souhaitons aller.

C'est sur ce principe qu'il nous faut travailler lorsque nous décidons d'entretenir des pensées positives. Si nous portons un regard positif sur les événements qui nous arrivent, si nous voyons « le bon côté des choses », nous nous donnons toutes les chances d'être non seulement plus solides intérieurement mais aussi plus rapides et plus forts face aux situations adverses. À force d'entraînement, on finira par voir – si ce n'est l'éléphant rose – la vie en rose !

> *Comme en vélo : regardez toujours là où vous souhaitez aller… et surtout pas le trottoir !*

CHOISIR LES PENSÉES QUI NOUS CONSTRUISENT

Le philosophe et psychologue américain William James (1842-1910) a déclaré que « la plus grande découverte de sa génération est que les êtres humains pouvaient changer leur vie en changeant leur attitude d'esprit. »

C'est le double effet de la pensée positive : en changeant notre état d'esprit ou nos pensées, nous pouvons aussi changer notre monde et, par conséquent, devenir maîtres de notre vie.

Le processus est simple. Avant qu'une chose commence à exister dans le monde physique, elle doit d'abord prendre forme dans notre monde intérieur, c'est-à-dire nos pensées. Au départ, il n'y a rien, du vide, un magma confus. Puis une image ou une idée émerge. C'est une pensée. Elle se manifeste à l'extérieur et, *in fine*, produit « quelque chose », une matière qui va exister dans le monde réel. Tout fonctionne comme ça. De la construction d'une maison à la concrétisation d'une carrière, on démarre par un terrain en friche, puis arrivent la vision d'un architecte, quelques traits dessinés, un plan plus précis, et les murs apparaissent, le toit est posé, la maison existe !

De la même manière, avec nos représentations et nos constructions mentales, nous réussissons à nous créer une vie heureuse et alignée à nos désirs, ou, à l'inverse, une vie plus en décalé par rapport à nos attentes et nos espérances. À chaque instant, dans les petites choses de tous les jours, pensée après pensée, nous créons notre futur. C'est très important de le conscientiser. Cette compréhension du « Dieu est dans les détails », qui deviendrait son opposé « le diable est dans les détails », a été fondamentale pour moi dans toute la gestion de ma vie. Chaque seconde, nous nous choisissons et nous construisons notre réalité. Nous

.../

/...

choisissons d'être ceci ou cela, d'être sympathiques ou non, tolérants ou fermés, en forme ou poussifs, entourés ou asociaux, etc. Chaque minute nous faisons de multiples petits choix et prenons d'innombrables micro-décisions.
Tout cela mis bout à bout, nous construisons ce que nous devenons. Chaque geste nous définit. Ainsi en va-t-il de la construction de notre vie. Cela passe à la fois par l'infiniment petit et l'anodin – comme des petites attentions, des petits mensonges, un coup de fil passé en silence, une porte retenue, un parapluie prêté, un regard détourné, un service rendu, une visite imprévue, un détour, un effort, des oublis, des retards, des excuses, une cigarette... à la manière du film *Smoking, no smoking* d'Alain Resnais dans lequel le simple fait d'allumer ou non une cigarette crée deux chemins de vie différents... – ou par des actes plus retentissants, comme claquer une porte, partir, rompre, s'engager, se lever plus tôt le matin pour prendre soin de soi, se donner les moyens d'évoluer et de bâtir jour après jour la vie que l'on souhaite ! Chaque pensée et chaque action déterminent qui nous sommes en train de devenir. C'est à la fois incroyablement enthousiasmant de réaliser que tout est dans nos mains, que nous avons ce pouvoir, là, de faire, défaire, refaire, et terriblement décevant de constater, parfois, ce que nous en faisons réellement. Combien sommes-nous vraiment heureux de ce que nous sommes devenus ? Combien sommes-nous vraiment heureux ce que nous avons pu bâtir ? Combien de fois avons-nous opté délibérément pour le chemin le plus facile plutôt que d'emprunter la voie la plus difficile et contraignante, celle de l'effort et de l'ambition ? En prenant conscience du pouvoir et de la puissance de nos pensées, en les travaillant sur

.../

/...

leur versant positif, nous nous donnons les moyens de nous créer une vie nouvelle. Alors, autant profiter de leurs extraordinaires potentiels, et diriger toute notre énergie pour accéder à notre bonheur. J'ai entendu dire un jour : « Si la vie est un voyage, alors autant voyager en première classe ! » Idem pour les pensées. Si elles créent notre vie, autant les penser belles, positives, et construire notre réalité du bon côté de la Force !

La force de la visualisation

Visualiser, cela consiste à « faire son cinéma » dans sa tête et se projeter mentalement les images de ce que l'on désire obtenir. Une façon de nous installer déjà dans le bien-être et la réussite, c'est de compléter notre pensée positive avec cette étape de visualisation. Dans le monde sportif, cette pratique est très courante. Nous avons tous vu aux jeux Olympiques des sportifs fermer les yeux avant une compétition. Ils reproduisent mentalement tous les mouvements qu'ils devront effectuer durant leur épreuve, les visualisent dans leur exécution la plus parfaite, et s'imaginent déjà victorieux sur le podium, leur médaille d'or autour du cou fièrement affichée à la face du monde.

C'est littéralement « faire de ses rêves une réalité ». Se visualiser en train d'atteindre son objectif avec un maximum de détails possibles et les émotions qui l'accompagnent – joie, plaisir, fierté, envie… – crée une dynamique très puissante.

La visualisation est une forme de programmation facile. Elle est praticable à tout moment : dans des moments spécialement dédiés comme dans tous les petits moments d'attente infertiles, la salle d'attente du médecin, dans le métro, au bureau…

Allez, un petit exercice d'entraînement utile et facile à pratiquer : chaque fois que vous cherchez à vous garer, imaginez que vous attend une superbe place vous permettant de stationner précisément là où vous le souhaitez. Essayez, vous verrez ! Si, si, ça marche !

> ***Visualiser, c'est faire de ses rêves une réalité***

BIORYTHMES : *YES WE CAN?*

Se lever une heure plus tôt que notre heure habituelle semble un objectif tout à fait « atteignable et réaliste » en soi, mais le hic, c'est que nous ne sommes pas tous des lève-tôt naturels, et je sais de quoi je parle ! Mais avant, un petit jeu de connaissances (de soi) s'impose.

Alouette du matin-certain, oiseau de nuit-fortuit ou intermédiaire

Nous sommes forcément l'un des trois. C'est très facile à identifier.

Les « **alouettes** » se lèvent aux aurores, bon pied bon œil, avec sourire et bonne humeur, et une productivité au top. En revanche, elles ne sont pas du genre à veiller très tard.

Les « **chouettes** », quant à elles, trouvent le réveil difficile et mettent du temps à démarrer. Mais, au fur et à mesure de la journée, leur énergie augmente jusqu'à atteindre une forme optimale en soirée. Du genre à travailler tard et à jouer les oiseaux de nuit, elles finissent par aller dormir après les douze coups de minuit.

Les « **intermédiaires** », ni complètement « alouettes » ni vraiment « chouettes », sont caractérisés par la flexibilité et n'ont aucun mal à s'adapter. Ils peuvent aisément taquiner les aiguilles du temps pour les avancer ou les reculer. Soir ou matin, tout est possible pour eux. Et, bonne nouvelle, les « intermédiaires » représentent 85 % d'entre nous !

D'où viennent ces profils ? De Frederick Brown, professeur de psychologie et directeur du laboratoire des rythmes humains de l'université de Pennsylvanie, qui étudie depuis vingt ans nos horloges internes.

Ludovic Huraux

FONDATEUR DE ATTRACTIVE WORLD ET SHAPR*

Images du matin

Cinquante mails à lire, et le sport.

Alouette ou chouette ?

À l'origine, je suis vraiment du soir, et je me levais vers 8 h 30… J'étais plus concentré, mais ça a tendance à évoluer depuis quelques années et particulièrement depuis que j'habite à New York.

Réveil

Autour de 6 h 30 et 7 h du matin avec mon iPhone® et, généralement, je me réveille naturellement un quart d'heure avant qu'il sonne.

Quelle motivation pour se lever ?

Quand on est entrepreneur, on a un projet qui vous tient énormément à cœur, et qui vous donne beaucoup d'excitation. Moi, en ce moment, avec Shapr®, je me lève avec beaucoup de plaisir ! J'aimerais en faire l'un des leaders mondiaux des applications de *networking*. C'est une aventure incroyable qui me permet de faire des rencontres exceptionnelles, et tout cela ce sont des émotions assez fortes qui vous donnent vraiment envie de vous lever le matin !

…/

* Attractive World et Shapr® sont deux sites de rencontres : le premier pour les célibataires « exigeants » ; le second pour les contacts professionnels.

/...

Routines

- Trente minutes de sport chez moi (petits circuits de pompes, abdominaux, flexions...).
- Dix minutes de mix d'étirements et de méditation, et cela trois fois par semaine.
- Douche.

Petit-déjeuner

Pas de petit-déjeuner (sauf le week-end). Je pars directement travailler !

Impact

Il n'y a pas photo : je suis beaucoup plus productif ! Je raisonne plus vite et mieux. D'ordinaire, le matin, le cerveau est toujours un peu embouteillé par tout ce que l'on a dans la tête, il est plus lent, comme un ordinateur avec vingt-trois pages Web ouvertes en même temps avec une navigation qui rame. Le sport et la méditation me permettent de vider mon esprit, de me libérer du stress, et de ne penser à rien avant la course, parce qu'après, j'enchaîne, et j'ai très peu de temps de pause dans la journée. Comme tout entrepreneur, chaque minute que l'on a, c'est pour la mettre au profit de la réussite de l'entreprise, et on a du mal à se relâcher. Ma routine matinale me met dans des conditions de productivité et d'état d'esprit extrêmement positifs.

Sur la planète « sommeil »

Pour en savoir plus, rendez-vous Skype™ avec une nouvelle « planète savante », Aurélie Meyer-Mazel, psychologue spécialiste du sommeil.

Premier élément à prendre en compte selon Aurélie : nos rythmes biologiques.

« Nous sommes tous réglés sur un rythme biologique de 24 heures, que l'on appelle le "rythme circadien", "circadien" signifiant d'ailleurs "autour d'un jour". Tout au long de ces 24 heures, nous sommes soumis à des fréquences à peu près identiques de sécrétions d'hormones qui déterminent nos envies de dormir et de manger. »

Ces hormones sont le *cortisol*, l'hormone qui nous aide à nous réveiller – également hormone du stress –, et la *mélatonine*, l'hormone de l'endormissement et du sommeil.

Mais, comme nous sommes tous différents, nous avons chacun notre propre horloge interne. Celle-ci fluctue selon des facteurs environnementaux, psychologiques et génétiques. Ainsi, notre rythme biologique n'est pas tout à fait de 24 heures. Chez certains, l'horloge interne avance, chez d'autres, elle retarde.

VOYAGE À TRAVERS LE TEMPS

Pour mieux comprendre, faisons un voyage au centre de la Terre, et imaginons une grotte, plus exactement un gouffre : le gouffre de Scarasson. En 1962, du 18 juillet au 14 septembre, Michel Siffre, un jeune spéléologue de 23 ans, (très) courageux, a fait l'expérience suivante : s'isoler sans aucune source de lumière pendant deux mois, et ce, sans le moindre repère temporel, afin de retrouver le « rythme originel de l'homme ».
Résultat : l'aventurier s'est trouvé dans l'impossibilité d'évaluer le temps qui s'écoulait. Il estimait à 4 heures une journée de 14 heures ! Au bout de 58 journées passées dans son univers souterrain, à sa remontée (épuisé), son évaluation personnelle du temps avait 25 jours de retard. En bref, il pensait être le 20 août alors que l'on était le 14 septembre ! Il avait en effet compté les jours en fonction de son horloge interne, avec ses heures de sommeil et de faim déterminées par son cycle biologique hormonal. Ses journées avaient ainsi duré une moyenne de 25 heures 18 minutes. Michel s'était donc « jetlagué » un peu plus chaque jour !

Ce qu'il faut retenir de cette expérience ? Notre horloge biologique interne a un vrai besoin d'éléments externes pour se recadrer : les donneurs de temps.

Le premier, et le plus PUISSANT **donneur de temps naturel**, c'est la lumière. C'est elle qui resynchronise le plus vite notre horloge interne. Nous sommes essentiellement des êtres diurnes. Nous avons besoin de vivre le jour et notre corps le sait. La lumière est donc le signal qui va indiquer à notre corps de secréter le cortisol : l'hormone qui nous aide à nous réveiller. À l'inverse, l'absence de lumière nous fait secréter la mélatonine, l'hormone du sommeil. En hiver, le manque de lumière entraîne une surproduction de mélatonine responsable, par exemple, des dépressions saisonnières… D'où l'intérêt salvateur de la luminothérapie !

Autre donneur de temps naturel : le cycle des saisons.

Il y a aussi des **donneurs de temps sociaux**, comme le rythme des repas ; voilà pourquoi il est essentiel de manger à heures fixes et de ne pas se laisser guider par son estomac. La fréquence idéale : un repas toutes les quatre heures ! Et plus vous vous lèverez tôt, plus vous devrez envisager une collation en milieu de matinée. Sinon, tenir jusqu'à la pause du midi risque d'être très difficile… Citons aussi les rythmes de travail, les horaires des émissions de télévision, etc.

Mais surtout, il y a notre fameuse heure de lever ! C'est par elle que tout commence ! Nous y sommes ! Notre énergie est une batterie que nous déchargeons toute la journée. Si nous l'activons plus tôt, elle sera vide plus tôt, mais sera aussi prête à redémarrer plus tôt ! C'est aussi simple que cela. Autrement dit, le meilleur moyen pour se lever tôt, c'est de se lever tôt !

> « *Notre horloge biologique est rythmée par des donneurs de temps naturels ou sociaux* »

Questionnaire

de typologie circadienne de Horne et Östberg*

"ÊTES-VOUS DU MATIN OU DU SOIR ?"

1/ Si vous viviez à votre rythme (celui qui vous plaît le plus), à quelle heure vous lèveriez-vous, étant entièrement libre d'organiser votre journée ?

1 ❒ Entre 11 h etmidi
2 ❒ Entre 9 h 45 et 11 h du matin
3 ❒ Entre 7 h 15 et 9 h 45 du matin
4 ❒ Entre 6 h et 7 h 15 du matin
5 ❒ Entre 5 h et 6 h du matin

2/ Si vous viviez à votre rythme (celui qui vous plaît le plus), à quelle heure vous mettriez-vous au lit, étant entièrement libre d'organiser votre journée ?

1 ❒ Entre 2 h et 3 h du matin
2 ❒ Entre 0 h 45 et 2 h du matin
3 ❒ Entre 22 h 45 et 0 h 45
4 ❒ Entre 21 h 30 et 22 h 45
5 ❒ Entre 20 h et 21 h 30

3/ Si vous devez vous lever tôt, l'utilisation d'un réveil vous est-elle indispensable ?

1 ❒ Beaucoup
2 ❒ Assez
3 ❒ Peu
4 ❒ Pas du tout

4/ Dans des conditions adéquates (environnement favorable, sans contraintes particulières...), à quel point cela vous est-il facile de vous lever le matin ?

1 ❒ Pas facile du tout
2 ❒ Pas très facile
3 ❒ Assez facile
4 ❒ Très facile

5/ Comment vous sentez-vous durant la demi-heure qui suit votre réveil du matin ?

1 ❒ Endormi(e)
2 ❒ Peu éveillé(e)
3 ❒ Assez éveillé(e)
4 ❒ Tout à fait éveillé(e)

6/ Quel est votre appétit durant la demi-heure qui suit votre réveil du matin ?

1 ❒ Pas bon du tout
2 ❒ Pas bon
3 ❒ Assez bon
4 ❒ Très bon

7/ Comment vous sentez-vous durant la demi-heure qui suit votre réveil du matin ?

1 ❒ Très fatigué(e)
2 ❒ Relativement fatigué(e)
3 ❒ Relativement en forme
4 ❒ Très en forme

* *Morningness-Eveningness Questionnaire*, publié dans : J. A. Horne, O. Östberg, « A self-assessment questionnaire to determine morningness-eveningness in human circadian rhythms », *International Journal of Chronobiology*, 1976. Traduction française dans : Haute Autorité de santé, *Surveillance médico-professionnelle des travailleurs postés et/ou de nuit. Recommandation de Bonne Pratique*, 2012.

8/ Quand vous n'avez pas d'obligations le lendemain, à quelle heure vous couchez-vous par rapport à votre heure habituelle de coucher ?

1 ❒ Plus de 2 heures plus tard
2 ❒ 1 à 2 heures plus tard
3 ❒ Moins d'1 heure plus tard
4 ❒ Rarement ou jamais plus tard

9/ Vous avez décidé de faire du sport. Un(e) ami(e) vous propose une séance d'entraînement 2 fois par semaine, de 7 h à 8 h du matin. Ne considérant que le rythme qui vous convient le mieux, dans quelle forme pensez-vous être en l'accompagnant ?

1 ❒ Vous trouvez cela très difficile
2 ❒ Vous trouvez cela difficile
3 ❒ Forme raisonnable
4 ❒ Bonne forme

10/ À quel moment de la soirée vous sentez-vous fatigué(e) au point de vous endormir ?

1 ❒ De 1 h 45 à 3 h du matin
2 ❒ De 0 h 30 à 1 h 45 du matin
3 ❒ De 22 h 15 à 0 h 30
4 ❒ De 21 h à 22 h 15
5 ❒ De 20 h à 21 h

11/ Vous souhaitez être au mieux de votre forme pour un examen qui vous demande un effort intellectuel intense durant 2 heures. Vous êtes entièrement libre de le passer quand vous le souhaitez. Quelle est l'heure que vous choisiriez ?

0 ❒ De 19 h à 21 h
2 ❒ De 15 h à 17 h
4 ❒ De 11 h à 13 h
6 ❒ De 8 h à 10 h

12/ Après vous être couché(e) à 23 h, le lendemain vous vous sentez ?

0 ❒ Pas du tout fatigué(e)
2 ❒ Un peu fatigué(e)
3 ❒ Relativement fatigué(e)
5 ❒ Très fatigué(e)

13/ Pour une raison quelconque, vous vous couchez quelques heures plus tard que d'habitude, mais vous n'êtes pas obligé(e) de vous lever à une heure précise le lendemain. Laquelle des propositions suivantes choisiriez-vous ?

1 ❒ Vous vous réveillez plus tard que d'habitude
2 ❒ Vous vous réveillez comme d'habitude mais vous vous rendormez
3 ❒ Vous vous levez comme d'habitude mais vous vous recouchez par la suite
4 ❒ Vous vous réveillez comme d'habitude et vous ne vous rendormez plus

14/ Vous devez aller chercher un(e) ami(e) entre 4 h et 6 h du matin à l'aéroport. Vous n'avez pas d'obligation le lendemain. Laquelle des propositions suivantes vous convient le mieux ?

1 ❒ Vous n'irez au lit qu'une fois l'ami(e) cherché(e)
2 ❒ Vous faites une sieste avant et dormez après avoir été le chercher
3 ❒ Vous dormez bien avant et faites une sieste après
4 ❒ Vous dormez ce qu'il vous faut avant et ne vous recouchez pas après

15/ Vous devez faire deux heures de travail physique intense, mais vous êtes entièrement libre d'organiser votre journée. Laquelle des périodes suivantes choisiriez-vous ?

1 ❐ De 19 h à 21 h
2 ❐ De 15 h à 17 h
3 ❐ De 11 h à 13 h
4 ❐ De 8 h à 10 h

16/ Vous avez décidé de faire du sport. Un ami vous propose une séance d'entraînement 2 fois par semaine, de 22 h à 23 h. Ne considérant que le rythme qui vous convient le mieux, dans quelle forme pensez-vous être en l'accompagnant ?

1 ❐ Bonne forme
2 ❐ Forme raisonnable
3 ❐ Vous trouvez cela difficile
4 ❐ Vous trouvez cela très difficile

17/ Si vous deviez choisir un horaire pour travailler 5 heures consécutives, vous choisiriez ?

1 ❐ Entre 17 h et 4 h du matin
2 ❐ Entre 13 h et 18 h
3 ❐ Entre 9 h 30 et 14 h 30
4 ❐ Entre 8 h et 13 h
5 ❐ Entre 4 h et 9 h du matin

18/ Quand vous sentez vous le plus en forme ?

1 ❐ Entre 22 h et 5 h du matin
2 ❐ Entre 17 h et 22 h
3 ❐ Entre 10 h et 17 h
4 ❐ Entre 8 h et 10 h du matin
5 ❐ Entre 5 h et 8 h du matin

19/ On dit parfois quequelqu'un est un « sujet du matin » ou un « sujet du soir ». Vous considérez-vous comme étant du matin ou du soir ?

0 ❐ Tout à fait un sujet du soir
2 ❐ Plutôt un sujet du soir
4 ❐ Plutôt un sujet du matin
6 ❐ Tout à fait un suj et du matin

Score = ...

Au-dessus de 70 : Vous êtes tout à fait du matin
Entre 59 et 69 : Vous êtes modérément du matin
Entre 42 et 58 : Vous êtes neutre (ni du soir, ni du matin)
Entre 31 et 41 : Vous êtes modérément du soir
Moins de 30 : Vous êtes tout à fait du soir

CALCULEZ VOTRE CHRONOTYPE

Le test référent de « matinalité-vespéralité » – « vespéral » = qui a rapport au soir, pensez aux « vêpres » –, qui permet de définir son chronotype, a été mis au point par deux chercheurs, Jim Horne et Olov Östberg. Sur cet exercice en dix-neuf questions, j'ai obtenu un score de 48, ce qui signifie que mon chronotype est neutre. Ce test confirme bien que, pour moi, pas d'excuse : j'ai une latitude pour me lever plus tôt !
Et vous ? Quel est votre chronotype ?

L'importance du temps de sommeil

Quel que soit votre chronotype, pour bien gérer votre nouvelle habitude matinale, vous devrez également prendre en compte une autre donnée très importante : le temps de sommeil. Combien de temps de sommeil vous faut-il ? « Ce n'est pas parce que l'on est du matin que l'on est un court dormeur, ou au contraire, du soir, un long dormeur. Ce sont deux choses différentes » me précise Aurélie Meyer-Mazel, psychologue spécialiste du sommeil.

Êtes-vous un court ou un long dormeur ? Autrement dit : de combien d'heures de sommeil avez-vous besoin ? Même si le sommeil est déterminant et qu'il représente plus d'un tiers de notre vie, de combien d'heures de sommeil avons-nous réellement besoin ? Bonne chose à savoir : les fameuses huit heures de sommeil érigées comme un besoin absolu ne sont pas aussi universelles ! Nous avons généralement tendance à surestimer nos besoins de sommeil. Nous passons notre temps à courir après une « dette de sommeil » alors que nous pourrions tout simplement nous contenter d'un nombre d'heures de sommeil raisonnable si nous étions plus réguliers…

> *Êtes-vous un court ou un long dormeur ?*

Pour savoir quel type de dormeur vous êtes, il suffit de vous observer. Mais, pour vous faciliter la tâche, il existe aussi certains outils d'analyse comme les applications Sleep Cycle, Science du sommeil, Matins joyeux… à télécharger sur votre portable, ou un agenda papier de l'Institut national du sommeil et de la vigilance à remplir avec un bon vieux stylo. Pour les applications, l'idée est d'enregistrer et d'analyser vos différentes phases de sommeil et de déterminer le moment de réveil optimal. Vous pourrez ainsi vous réveiller avec une vraie sensation de forme, et tel Jules Renard, vous dire avant de poser le premier pied par terre : « Je vois, j'entends, je remue, je ne souffre pas. Merci ! La vie est belle. »

On estime que chez une personne lambda un cycle de sommeil dure en moyenne 90 minutes et, comme nous faisons en moyenne cinq cycles par nuit, nous avons donc besoin en moyenne d'environ sept à huit heures de sommeil. Nous parlons bien de « moyennes » !

Mais, court ou long, **le cycle de sommeil** se décompose toujours en deux phases :

- ***le sommeil lent***, lui-même divisé en « léger » (stades 1 et 2, passage de la somnolence à l'endormissement) et « profond » (stades 3 et 4). Une fois endormi, ce dernier vous sert à récupérer physiquement de votre journée d'activités. Il régule l'appétit et le stockage des graisses. Plus vous faites de l'exercice physique, plus votre sommeil lent est profond ;
- ***le sommeil paradoxal***. On le dit « paradoxal » car c'est le moment où le corps est le plus relâché mais, « paradoxalement », l'activité psychique est aussi intense qu'à l'état de veille. Il concerne la récupération mentale, psychologique, psychique et cognitive. Il nous permet de mémoriser les événements, de faire des liens entre passé et présent. C'est également lui qui nous permet de rêver et d'interpréter nos rêves. Le sommeil paradoxal intervient davantage en fin de nuit.

Si, avec le premier type de sommeil, nous récupérons physiquement, la récupération psychologique intervient bien plus tard avec le sommeil paradoxal, et c'est précisément pour cela que le manque de sommeil entraîne stress, fatigue nerveuse, problèmes de concentration ou de mémorisation… voire une sérieuse insomnie ! Un mouton, deux moutons, trois moutons… Ainsi, selon Aurélie Meyer-Mazel, psychologue, le sommeil est un véritable anxiolytique et antidépresseur naturel !

Nous avons tous fait l'expérience d'être davantage fatigués en nous levant à 7 h 45 plutôt qu'à 7 h. Même cas de figure lorsque l'on *snooze* et que l'on reporte notre heure de réveil de quart d'heure en quart d'heure. La raison à cela est simple : à 7 h, vous étiez à la fin d'un cycle complet de sommeil. À 7 h 45, vous êtes au beau milieu d'un nouveau. Voilà pourquoi il est essentiel de se fixer une heure de lever et de s'y tenir de façon régulière afin de ne pas se réveiller *groggy* avec la sensation d'être déjà épuisé.

> ***Il est essentiel de se fixer une heure de lever et de s'y tenir. Stop au snooze !***

ET SI LE TEMPS DE LA REVANCHE DES CHOUETTES ÉTAIT VENU ?

Depuis un certain temps, on s'aperçoit que de plus en plus de personnes deviennent « du soir ». On appelle ce phénomène le **« décalage horaire social ».** D'où vient-il ? Déjà, de notre petite Fée Électricité ! C'est la première à nous avoir décalés. Comme le dit Aurélie, c'est compréhensible : il y a cent ans, lorsque la seule occupation après le coucher du soleil était de lire un livre à la lueur de la bougie, il n'était pas difficile d'être endormi à 21 h ! Depuis, notre environnement s'est inondé de lumières artificielles et nos livres sont devenus des écrans numériques. La lumière blanche de nos écrans noirs comme celle de nos portables, ordinateurs, télévisions, n'aide pas vraiment à nous endormir sereinement car elle bloque la sécrétion de la mélatonine. Il est tellement facile de « lanterner » devant sa télévision ou son écran d'ordinateur avec une bonne série ! Mais ceci nous conduit à nous coucher toujours plus tard et, petit à petit, à modifier notre chronotype.

D'une façon générale, nous ne dormons pas assez en semaine et nous nous créons une dette de sommeil que nous essayons de rattraper le week-end. C'est un grand écart périlleux. Alors que, si l'on s'écoutait vraiment, comme l'a fait notre spéléologue dans sa grotte expérimentale de Scarasson, on se coucherait plus tôt et on serait naturellement beaucoup plus du matin que du soir.

Marc Levy

ROMANCIER*

Images du matin

Le bleu. Le ciel bleu ! Et le renouveau ! Chaque matin, le renouveau. L'arrivée du nouveau jour, c'est quelque chose qui me réjouit ! Je ne sais pas si c'est le souvenir de mes années à la Croix-Rouge qui m'ont profondément marqué, mais le fait de me réveiller chaque matin est un émerveillement !

Alouette ou chouette ?

Moi je suis couche-tard, « lève-normal » et petit dormeur ! Je dors environ six heures par nuit.

Réveil

Je me réveille naturellement selon les jours autour de 7 h... Comme j'habite New York, la ville est bruyante, on est toujours réveillé par le vrombissement général, un marteau-piqueur ou une sirène !

Quelle motivation pour se lever ?

Il y en a plein ! La vie, mes enfants, ma femme, mon métier, l'écriture, mes amis, la bouffe. Je suis un vrai épicurien ! Rien ne m'ennuie plus que d'aller me coucher... J'ai horreur de me coucher ! C'est un truc que je déteste. Quand je suis en période d'écriture, je me couche vers 3 h 30-4 h du matin... et ça me

.../

* Marc Levy est l'auteur de 16 romans best-sellers, dont le dernier paru *L'Horizon à l'envers* (Robert Laffont/Versilio). Traduit dans 49 langues, il est l'auteur français le plus lu au monde. Retrouvez-le sur son site www.marclevy.info et son blog www.marclevy.overblog.com

/...

va bien ! Il n'y a rien qui m'enthousiasme plus que l'idée qu'une nouvelle journée commence !

Routines

- Une heure de Pilates® trois fois par semaine avant d'aller au travail. Moins artistique que le yoga, mais ça entretient les articulations et la souplesse du corps. Il est dit qu'à partir de 50 ans, quand on se lève et que l'on n'a mal nulle part, c'est qu'on est mort ! Pour lutter contre cette fatalité, le Pilates® permet de garder sa souplesse et de rester svelte et jeune ! À partir de 45 ans, j'enchaînais les sciatiques à répétition. La sciatique, c'est terrible, tu peux en souffrir pendant un mois, trois mois... Et un ami m'a dit d'essayer le Pilates®. Depuis, je touche du bois, je n'ai plus jamais eu de sciatique de ma vie. C'est vachement bien !
- Puis douche.
- Petit-déjeuner.
- Promener le chien et bureau !

Petit-déjeuner

Cappuccino avec des tartines ! Je le prends en lisant les nouvelles et en regardant le journal TV. C'est un moment très agréable que j'adore : tout est possible, la journée commence, on prend connaissance des infos, et la vie se réveille ! C'est un moment plein de promesses ! En plus, ce qui est assez amusant quand on vit, comme moi, dans un pays avec six heures de décalage, votre vie commence là où celle des autres, de l'autre côté de l'océan, est déjà « au milieu »...
Je peux sauter tous les repas de la journée, mais pas le petit-déj' ! Jamais !

.../

/...

Impact

Je suis devenu un petit dormeur par appétit et par gourmandise de la vie. Ça m'a permis de faire énormément de choses, comme d'écrire mon premier roman ! C'est arithmétique (attention, prépare-toi, je vais énoncer une très grande vérité) : moins tu dors, plus tu restes éveillé, et plus tu restes éveillé, plus tu fais de choses ! Pas mal, hein ? *(rires)*

Quantitativement : supposons que nous gagnons deux heures par jour de non-sommeil. 2 x 365 = 730 heures éveillées en plus par an. Si tu ramènes cela à une journée de dix heures (on est à NY), ça te fait 73 jours en plus par an, soit deux gros mois de vacances que tu peux utiliser à travailler pour toi !

You snooze, you lose

Alors, entre chronotype, profil de dormeur, donneurs de temps et décalage horaire social, que penser de SE LEVER UNE HEURE PLUS TÔT ?

« C'est UNE TRÈS BONNE INITIATIVE » nous répond avec enthousiasme Aurélie Meyer-Mazel. Pourquoi ? « Ce qui est très intéressant dans le fait de se lever plus tôt, c'est que le réveil est provoqué biologiquement par un premier pic de stress avec le déclenchement du cortisol. Et que fait-on habituellement une fois le pied par terre ? Nous courons après le temps ! Il faut aller vite, se doucher, prendre un petit-déjeuner, attraper son train ou dégeler la voiture, bref tout pour être à l'heure au travail ou pour déposer les enfants. Un autre pic de stress psychologique ! Le matin est, pour la plupart d'entre nous, un moment assez angoissant, donc autant mettre ce temps à notre disposition pour nous poser et réduire ce stress. Une heure de respiration bien à nous fera le plus grand bien à notre santé. »

Et, surtout, évitez le fameux *snooze*, cette mauvaise habitude qui fait que nous repoussons l'échéance : 7 h 30, puis 7 h 33, 7 h 38, et 7 h 40… On retarde, on retarde... « Selon un sondage réalisé par Opinion Matters pour Withings, 64 % des Français appuient tous les matins sur cette touche et restent au lit plus de cinq minutes après la première sonnerie. »*

* Étude réalisée entre le 29 juillet 2014 et le 5 août 2014 auprès d'un échantillon représentatif de 1 505 adultes en France.

Ainsi, on pense gagner un peu de sommeil, mais mauvais calcul ! Ces microréveils successifs nous fatiguent davantage et ne sont pas du tout réparateurs. Pourquoi ? Tout simplement parce que nous sommes dans une phase de sommeil léger, que cela n'est pas un cycle complet, que cette fragmentation ne laisse pas le temps à notre cerveau de s'adapter. Souvenez-vous : il fonctionne par cycle d'une heure et demie… Astuce ? Mieux vaut décider dès le début de nous lever un quart d'heure plus tard.

Mauvaise habitude, qui, pour le coup donne entièrement raison à l'expression *When you snooze, you lose*, dont la traduction pourrait être approximativement : « Pour ne pas ressembler à un ours traînant sur la banquise, mieux vaut sauter hors du lit ! »

À chacun de nous de faire en sorte que notre petit matin ne soit pas un stress inutile et improductif.

> ***Le matin est souvent synonyme de stress : autant s'offrir une bonne heure de respiration !***

TO-DO LIST AVANT DE SE LANCER

Voici quelques bonnes pratiques avant de mettre en place votre « *before* » bien à vous.

Un matin dynamique

Le réveil doit être dynamique pour bien éveiller son corps : lumière forte, exercices d'étirement, etc.

Faites votre sport le matin. C'est le meilleur moment de la journée car l'organisme se met en route avec un maximum de cortisol. Idéalement : allez travailler à vélo !

Prenez un bon petit-déjeuner. Un repas protéiné est idéal. Si la viande n'est pas votre fort, les fromages blancs et autres petits-suisses seront parfaits. Évitez de manger trop sucré : les céréales sucrées, par exemple, vont vous donner un pic d'insuline mais surtout un bon coup de barre en milieu de matinée ! Privilégiez le pain complet et mangez équilibré :

protéines, nutriments, vitamines. Le café-cigarette n'est pas recommandé non plus…

Je vous propose des idées de petits-déjeuners toniques à travers le monde, à télécharger sur http://blog.editionsleduc.com/magie-du-matin.html. Venez vite découvrir LE petit-déjeuner qui vous convient !

Une petite sieste en journée

Faites la sieste ! Nous devrions, selon Aurélie Meyer-Mazel, psychologue spécialiste du sommeil, faire une sieste chaque jour comme nos amis les animaux. Vous avez sans doute entendu dire qu'une sieste idéale dure vingt minutes. Et vous vous êtes probablement entendu répondre : « Mais il me faut déjà vingt minutes pour m'endormir ! » En vérité, la sieste dont nous avons besoin quotidiennement est juste une petite pause les yeux fermés. Appelez cela « sophrologie » ou « méditation », l'essentiel est de ne pas viser l'endormissement. Peu importe que vous ne soyez pas allongé dans le noir et dans le silence, fermez simplement les yeux et détendez-vous, même sur une chaise. Reposez votre esprit. Lorsque vous fermez les yeux, votre cerveau émet des ondes lentes (contrairement aux ondes rapides de l'état de veille) car il a beaucoup moins

> ***Après une sieste, nous sommes dans un état de vigilance accrue pendant 3 heures !***

d'informations à traiter. Le mot « sieste » vient du latin *sexta* qui signifie « sixième » ; cela renvoie donc ici à la « sixième heure du jour ». Physiologiquement, nous avons besoin d'une pause six heures après notre réveil. Ce moment de repos diminue la tension du corps, permet de se détendre et de recharger un peu nos batteries. La sieste offre un état de vigilance accru dans les trois heures qui la suivent. Vous pourrez ainsi mieux organiser votre esprit, prendre du recul face à votre environnement et votre emploi du temps et gagner en efficacité. Bref, d'un point de vue physique, intellectuel et cognitif, il n'y a que du bon !

Le soir : accueillir le sommeil

À l'instant où l'on rentre du travail, une deuxième journée commence pour la plupart d'entre nous : il faut nous occuper de la maison, éventuellement des enfants, aller au sport, dîner à l'extérieur avec des collègues ou des amis, regarder notre série préférée… mais, chaque soir, il faudrait pourtant se mettre en situation d'accueillir les signaux de fatigue. Dans un monde idéal, nous aimerions appuyer sur le bouton *off* et nous endormir instantanément. Hormis quelques heureux élus, ce n'est pas aussi simple : nous devons nous mettre en condition favorable environ deux heures trente avant d'aller nous coucher. Déjà, il faut repérer les signaux du sommeil : bâillements, yeux qui piquent, etc. puis donner quelques indications supplémentaires à notre cerveau :

- baisser l'intensité lumineuse et fermer les rideaux – excellent pour les dîners en amoureux !

- restez maître de votre corps et de votre rythme. Ne soyez pas happé par les écrans de télé, ordinateur, portable… La lumière blanche des écrans bloque la sécrétion de la mélatonine, l'hormone du sommeil ;

- évitez de faire du sport. Le soir, l'augmentation du rythme cardiaque fait monter la température du corps. Or, pour vous endormir, les deux doivent diminuer… Il ne faudrait pas envoyer à votre cerveau des signaux contraires !

- pour la même raison, un bain chaud avant de dormir est également une mauvaise idée. Avancez ce moment de délassement dès votre retour du bureau ;

- « le dîner est un repère idéal et essentiel », ajoute Aurélie. Il y a un avant et un après. Son slogan, c'est « avant dîner, sport, travail, ordinateur, tout est permis ! » Bouclez votre journée avant de manger. Rangez vos affaires, et préparez votre sac pour le lendemain afin de dormir l'esprit tranquille et de vous réveiller dans un environnement clair et en ordre. Après dîner, vous n'aurez plus qu'à attendre les signaux d'endormissement, en pyjama, devant un film ou un bon livre ;

- l'endormissement est caractérisé par la baisse de l'activité cérébrale. Évitez de faire vos comptes, travailler sur Internet ou lire des essais trop techniques, sous peine de voir votre énergie cérébrale se remettre en marche. Et adieu le sommeil !

- notez vos pensées dans un carnet pour vider votre esprit… ou faire le point sur votre journée en vous concentrant sur le positif et la gratitude ;

- méditez, priez…

- … et si vous êtes en couple, faites un câlin ! La tendresse et le sentiment de sécurité favorisent l'endormissement. Fortement recommandé !

Le week-end : gardez le rythme !

Les grasses matinées sont, en réalité, assez déconseillées. Dommage !

Aurélie Meyer-Mazel préconise de ne jamais se décaler de plus de deux heures de son horaire habituel. Si, dans la semaine, vous vous levez à 6 h, ne dépassez qu'exceptionnellement 8 h. Super grasse matinée, non ? Ceci s'explique simplement : habitué à secréter le cortisol à 6 h tous les jours de la semaine, votre corps en fera de même les jours *off*. Vous réveiller à 11 h ne servira donc pas à grand-chose : les cinq heures de sommeil supplémentaires seront de mauvaise qualité car votre corps aura été prêt à se réveiller. Solution : mieux vaut vous lever quotidiennement à la même heure, faire une bonne sieste l'après-midi et vous coucher plus tôt le soir !

Cette habitude aura un effet synchroniseur du rythme veille-sommeil. Tic tac tic tac…

Voilà, vous savez tout ! Vous êtes prêt ? Motivation au top ? Moi, je mets mon réveil sur 6 h 30… et vous ?

Découvrez vite notre « menu » de routines dans les pages qui suivent. D'ailleurs, êtes-vous plutôt gourmandise du jour ou farandole de desserts ?

Partie 3

#RPM

Les routines matinales prodigieuses

DEVENEZ LE *DESIGNER* DE VOS MATINS !

J'ai conçu le « catalogue » des routines comme un menu que l'on servirait au restaurant. Et oui, cher(ère) lecteur(rice), désirez-vous plutôt le dessert du jour ou la farandole de desserts ?

Au restaurant, lorsque le chef de rang arrive avec sa jolie desserte recouverte de différentes pâtisseries gourmandes et généreuses, toutes aussi tentantes les unes que les autres – éclair caramel et beurre salé, tarte au citron, paris-brest, macaron au chocolat, crumble… –, nos sens sont en éveil et nous ne savons plus quoi choisir ! Pour certains, trop de choix tue le choix et cela bloque leur prise de décision ; pour d'autres, c'est l'inverse car ils savent dès le départ ce qu'ils veulent… Ce sont ces deux options que j'ai souhaité mettre en avant ici : choisir « à la carte » différentes routines car vous savez d'ores et déjà ce dont vous avez besoin, ou vous laisser guider avec des « assortiments » pensés pour vous. C'est à vous de voir ! Question de personnalité : êtes-vous plutôt du style **« j'adopte facilement un cadre externe car je ne suis pas à l'aise avec le mien »** ou bien **« je résiste au cadre externe car je préfère privilégier le mien »** ?

D'après la chercheuse et psychologue américaine Gretchen Rubin*, non seulement les habitudes structurent entièrement nos vies, mais elles représentent 40 % de nos comportements quotidiens. C'est sûr, nos multiples gestes journaliers laissent peu de place à l'improvisation : se laver, se brosser les dents, se maquiller, s'habiller, se déshabiller, manger, boire, ouvrir le réfrigérateur, fermer la porte, descendre les escaliers, dire bonjour, sourire, etc. Tous ces gestes sont une mécanique quotidienne bien rodée depuis l'enfance. (Bon, exception faite de nos chers ados qui, malgré nos incessants et *friendly* rappels hygiéniques, n'intègrent pas toujours naturellement la nécessité d'aller se brosser les dents avant d'aller se coucher !)

Alors à quel camp appartenez-vous ? Parce que changer ses habitudes n'est pas vécu de la même façon pour chacun, il est important de bien identifier la catégorie qui vous correspond afin de mieux choisir et organiser vos routines matinales prodigieuses !

La première option, « à la carte », est typiquement celle à laquelle j'adhère. J'ai concrètement beaucoup de mal avec les attentes externes et m'occupe plus facilement de mes propres objectifs personnels. Avant d'accéder au « cadre » donné et de l'accepter, je dois peser, « négocier » et tergiverser. Par exemple, je n'ai jamais pu suivre un seul traitement de confort genre vitamines C plus de huit jours, sans me prendre les pieds dans le tapis et arrêter. J'ai toujours bricolé et réinventé les consignes données avec les plus mauvais arguments du monde. En revanche, je ne suis jamais aussi efficace lorsque je dois, toute seule, faire avancer un projet personnel. (Ce qui n'est pas forcément une gloire.)

* *Better than before: Mastering the habits of our everyday lives*, Crown, 2015.

La seconde option, « en assortiment », correspond parfaitement aux profils de deux de mes amies. Anna et Charlotte sont très disciplinées, hyper professionnelles, rentrent facilement dans un cadre donné, respectent les délais, arrivent toujours à l'heure, mais ont plus de mal à faire avancer un projet personnel si elles sont seules à le prendre en main.

L'éternel exemple mais très efficace du régime. Anna, vingt ans d'amitié, vingt ans de régimes – Mayo, Montignac, Atkins, Dukan… – je la connais par cœur ! Pour nos déjeuners entre filles, il a toujours fallu prévoir des environnements adaptés aux consignes dictées par le régime du moment, qu'elle devait suivre à la lettre ! En fonction du jour de rendez-vous, le lundi, le mardi… ou le vendredi, ce n'était pas pareil ! Tel jour, c'était carottes râpées-jambon blanc, l'autre, poulet-courgettes : il ne fallait pas y déroger. À la lettre et le jour J. Au moindre écart, elle avait l'impression de « partir en *live* » et de mettre un pied dans une stratégie d'échec ou de démission.

Charlotte, quant à elle, a besoin de la même façon d'un « cadre » donné, et adore suivre des activités organisées, sinon, elle le sait, elle peut glisser vers le papillonnage ou le *surf* compulsif, entre Facebook®, mails, Twitter® ou Instagram®…

Certains ont besoin d'un programme préétabli, d'autres non. C'est ainsi. Savez-vous déjà ce qui fonctionne pour vous ? Aucun jugement de valeur à avoir dans votre réponse : il n'y a pas de meilleur profil. Il y a ce que vous êtes et ce dont vous avez besoin. Point.

> *Connaissez-vous vos attentes ?*

Souhaitez-vous plutôt :
- ❑ vous détendre ?
- ❑ vous activer et faire du sport ?
- ❑ réfléchir sur vous et prendre du recul ?
- ❑ vous instruire, avancer sur un projet personnel et élargir votre culture ?
- ❑ savoir mieux vous organiser ?

Si vous avez déjà les réponses à ces questions, piochez les routines correspondantes dans les chapitres qui suivent. Vous y trouverez une présentation générale des routines matinales prodigieuses, organisées en fonction de vos envies et de vos besoins :

Dans le cas contraire, prenez bien le temps de lire les propositions de routines et découvrez nos « menus » dans le dernier chapitre

Dans un cas comme dans l'autre, savourez ! Les routines sont vos meilleures alliées et vous permettront d'atteindre jour après jour vos objectifs, et de vous dessiner une nouvelle vie ! Bonne dégustation !

ENTREZ DANS LE *FLOW*

Pour le PREMIER matin de votre première routine, donnez-vous la meilleure « expérience optimale » qui soit. Un max de *flow* ! Le *flow*, c'est un état de joie proche de l'extase, dans lequel nous pouvons être lorsque nous sommes totalement absorbés par une activité qui nous plaît et pour laquelle nous éprouvons une profonde satisfaction. C'est le psychologue Mihály Csíkszentmihályi qui a élaboré ce concept après avoir interrogé des compositeurs de musique, des alpinistes, des joueurs d'échecs, etc., bref, des personnes qui passent énormément de temps et d'énergie à des activités juste pour le simple plaisir de les faire sans besoin de reconnaissance externe.

« Voilà ce que nous entendons par “expérience optimale”. C'est ce que ressent le navigateur quand le vent fouette son visage... C'est le sentiment d'un parent au premier sourire de son enfant (...) Ces grands moments de la vie surviennent quand le corps ou l'esprit sont utilisés jusqu'à leurs limites dans un effort volontaire en vue de réaliser quelque chose de difficile et d'important. L'expérience optimale est donc quelque chose que l'on peut provoquer... Pour chacun, il y a des milliers de possibilités ou de défis susceptibles de favoriser le développement de soi (par l'expérience optimale). »*

.../

* Jean Heutte, « Le *flow* : l'expérience optimale ou autotélique (Csíkszentmihályi, 1990, 2004, 2005) », http://jean.heutte.free.fr, avril 2006, mise à jour en mars 2011.

/...

Une première expérience positive pourra enfanter une nouvelle croyance positive. Par exemple, si l'on part de l'idée que l'on n'est pas du matin (= croyance) et que notre premier réveil plus matinal est un très joli moment, nous pourrons être en mesure de changer notre point de vue donc notre croyance. Ainsi, nous serons davantage motivés à renouveler notre rendez-vous avec les aurores. Cette fameuse première fois vous redonnera la saveur, le ton et le parfum de toutes vos prochaines fois.

Alors, pour le premier matin du reste de votre vie, créez-vous votre « expérience optimale » Donnez-vous le meilleur et faites de ce moment une fête ! Allumez des bougies et parfumez votre maison pour l'occasion, achetez-vous le meilleur, café, thé, confiture... des plus raffinés, dressez une belle table, mettez une jolie musique, préparez un lieu bien rangé, bien clair comme vous aimez... Bref, comme pour un premier rendez-vous amoureux, faites de ce premier temps de routines matinales, une exceptionnelle et prodigieuse rencontre !

PRENEZ SOIN DE VOTRE CORPS

#Corps

Vous avez l'embarras du choix : tellement d'activités agréables sont à pratiquer le matin. À vous de privilégier celles qui vous donnent le plus envie et qui vous conviennent le mieux !

« "Il y a deux façons de vivre son corps, explique le psychanalyste Jean-David Nasio. Soit en l'oubliant, et là j'identifie mon corps à mon être et je me dis que 'je suis mon corps' ; soit en pensant à lui, et là je tiens mon corps pour mon bien le plus précieux, et je me dis que 'j'ai un corps'." (...) Si nous avons conscience d'avoir un corps, un "maître souverain" (...) qui a le pouvoir de prolonger ou d'arrêter notre vie, alors nous pouvons le traiter avec tous les égards qu'il mérite. »[*]

* Flavia Mazelin-Salvi, « Pourquoi on a du mal à prendre soin de soi », www.psychologies.com, janvier 2007.

Oui votre corps mérite des « égards » ! Alors si vous voulez le bichonner, retrouver un corps de déesse ou d'Apollon, vous tonifier, maigrir, vous donner une pêche d'enfer, vous maintenir en forme, vous sentir plus séduisant… ou tout simplement vous faire plaisir, les routines d'activités physiques et sportives sont pour vous.

Vos alliées indispensables : les applications à télécharger sur votre smartphone. Le plus souvent gratuites, elles sont de véritables *coachs* personnels à solliciter où et quand vous le souhaitez, comme si vous étiez une star !

Alors, que vous soyez déjà sportif ou que vous vouliez vous remettre en forme petit à petit, voici quelques activités à pratiquer tranquillement chez vous, et/ou en extérieur.

Les sports cardio

Running, *CrossFit®*, natation, vélo, marche nordique rapide…

BIENFAITS

Les sports dits « cardio », pratiqués sans interruption pendant au moins une demi-heure, vont vous permettre de :

- renforcer votre endurance cardiovasculaire et respiratoire ;
- développer votre musculature générale ;
- accroître votre souplesse, vitesse, force et agilité ;
- prendre une bouffée d'oxygène ;
- déclencher le processus de consommation de graisses. (Même si l'on ne maigrit pas directement en faisant du sport, en l'associant à un petit régime, on va forcer le corps à puiser

dans les réserves de graisses pour trouver l'énergie dont il a besoin… et au final, on va mincir.)

FOCUS SUR LE CROSSFIT®

Cette nouvelle tendance *fitness* s'articule autour des WOD (*WorkOut of the Day*). Un WOD est un enchaînement d'un ou plusieurs exercices mêlant gymnastique (pompes, tractions, flexions, etc.), cardio (course à pied, rameur, corde à sauter, etc.) et haltérophilie/force athlétique (squats, soulevé de terre, etc.).

APPS

Vive le *quantified self* pour la course à pied ! Les applications pour smartphones nous permettent de visualiser notre parcours sur une carte GPS, nous donnent un suivi permanent (allure, durée, distance…), nous encouragent à chaque kilomètre parcouru, nous aide à faire les statistiques de nos courses ainsi que de suivre nos progrès, et nous challengent pour dépasser nos records. Les plus connues : **Runkeeper, Runtastic, Nike+ Running**… Idée supplémentaire : vous pouvez aussi vous en servir pour des sorties à vélo, en rollers et même sur un vélo elliptique. Tout est paramétrable !

Personnellement, j'adore courir vers 6 h 30-7 h. Besoin de rien ni de personne, hormis de mes baskets et de mon application ! Je fais toujours le même parcours, ce qui m'évite de me perdre ou de mésestimer mon temps/ma distance. Ainsi, aucun risque de me mettre en retard. Comme je le fais régulièrement, je le pratique sans aucune difficulté, ce qui veut dire aucune tension. Ma motivation est en mode « boîte automatique ». Courir dans ce cas est uniquement une routine de plaisir et de confort. Et quand, aux premières lueurs du jour, je découvre Paris s'éveiller et se remettre en mouvement – ses terrasses de cafés, ses kiosques à journaux, l'odeur de pain frais… –, je peux vraiment ressentir dans mes veines le fameux « le monde appartient à ceux qui se lèvent tôt » ! Parce que courir au petit matin alors que la ville dort encore me donne une incroyable sensation de conquête !

À JEUN OU NON ?

Éternel débat ! Les bienfaits du sport à jeun ne font pas l'unanimité, ceci dû aux risques d'hypoglycémie et de fatigue que cela peut provoquer si l'on court trop vite. Pour ma part, je préfère courir l'estomac vide, je me sens plus légère et ne risque donc pas d'avoir des soucis digestifs ou des crampes gênantes. Demandez conseil à votre médecin traitant, c'est plus prudent.

Les pratiques *soft*

FITNESS

BIENFAITS

Le *fitness* sollicite majoritairement l'activité cardiaque et le renforcement. Sa pratique régulière et progressive permet de rendre le cœur plus résistant à l'effort. Il permet de :

- tonifier le cœur et activer la circulation du sang ;
- renforcer les muscles ;
- améliorer le souffle ;
- accompagner une perte de poids ;
- réduire le cholestérol et freiner le vieillissement de la peau.

APPS

Là encore, vive les applications. Mes chouchoutes ! Elles proposent de véritables programmes d'entraînement avec vidéos, conseils, calendriers d'activités et suivis des résultats. Elles nous remettent en forme en moins d'un mois en fonction de nos objectifs et de notre niveau. Les plus connues : **Nike+ Training Club, 7 Minutes Workout, 5 Minutes Fitness Maison.**

PILATES®

BIENFAITS

Le Pilates®, c'est la petite gymnastique douce qui s'inspire du yoga, de la danse et de la gymnastique. Une approche globale du corps qui mélange étirements, respiration, force… elle se pratique chez soi sur un tapis, ou en salle à l'aide d'appareils. Cette pratique permet de :

- développer et étirer le corps de façon douce et harmonieuse ;
- rectifier les mauvaises postures et renforcer la colonne vertébrale ;
- améliorer la souplesse ;
- stimuler l'esprit et aider à la maîtrise mentale ;
- affiner la silhouette.

APPS

Pilates® Fondamental, 5 Minutes de Pilates®.

ABDOS

Vous rêvez d'avoir de belles tablettes de chocolat ? Vive les séances d'abdos ! Les abdominaux sont le carrefour de notre corps, ils nous rendent beaux et forts ! Ils nous renforcent dans notre maintien général et tous nos gestes sportifs : *running*, golf, tennis… Et avec une « appli », ils ne sont plus du tout rébarbatifs et deviennent même très ludiques !

BIENFAITS

Nos abdominaux :

- assurent le maintien et la protection de la colonne vertébrale ;
- sculptent et affinent la silhouette ;
- stabilisent le bassin ;
- protègent des maux de dos ;
- maintiennent, stimulent les organes et activent le transit…

APPS

Ces applications sont efficaces pour tous les niveaux, y compris les débutants ! **5 Minutes Abdos, Runtastic Six Pack Abs Workout, 8 Minutes Abs Workout, Exercices Quotidien Abdo.**

YOGA

Vous voulez un mix entre activité physique, sagesse et philosophie ? Vous souhaitez mettre votre corps, votre cœur et votre esprit sur la même longueur d'ondes ? Le yoga est fait pour vous !

> *Le yoga : l'union du corps, du cœur et de l'esprit*

« C'est une discipline élaborée depuis la plus lointaine Antiquité pour aider les êtres humains à traverser la souffrance, et trouver l'unité et la joie dans leur corps et leur âme. »*

Aujourd'hui, les yogas indiens sont très variés. Il existe un grand nombre de maîtres, de postures, d'exercices respiratoires, de techniques de concentration, de méditation… À vous de choisir la pratique qui vous convient le mieux ! Pour simplifier, voici une synthèse proposée sur le site www.aufeminin.com** :

- Hatha yoga : le traditionnel, qui englobe tous les yogas ;
- Ashtanga yoga : le plus sportif, proche de la gymnastique ;
- Kundalini yoga : le plus postural avec des chants de mantra ;
- Power yoga : le plus moderne, plus axé sur les postures du corps que sur la méditation ;
- Vinyasa yoga : le plus chorégraphié, proche de la danse ;
- Bikram yoga : le plus ardent ! Dans une salle à 40° C pour chauffer et étirer les muscles en profondeur ;
- Yoga nidra : le plus intériorisé, proche de la transe et de la méditation ;
- Lyengar yoga : le plus rigoureux, version intense et rigoureuse du yoga traditionnel.

BIENFAITS

Le yoga :

- accroît la sensation de bien-être et de détente ;
- augmente la concentration et la stabilité émotionnelle ;
- apaise l'agitation du mental et réduit le stress et les pensées négatives ;

* « Les origines du yoga », http://lemondeduyoga.org

** « Le yoga sous toutes ses facettes », www.aufeminin.com

- aide à maîtriser son corps, améliore la souplesse et permet une plus grande élasticité ;
- réduit l'hypertension artérielle, favorise la digestion, lutte contre l'arthrite ou les douleurs du dos.

APPS

Les plus connues : **5 Minutes de Yoga, Yoga Tout-En-Un (avec 300 asanas), Daily Yoga, Gotta Yoga, Simply Yoga Free, Happyn-Good, Yoga.com Studio.**

SOPHROLOGIE

Mise au point en 1960 par le Dr Alfonso Caycedo, psychiatre colombien, la sophrologie est une synthèse des techniques orientales de méditation, de yoga et de relaxation occidentale.

« La sophrologie s'appuie sur des piliers d'apprentissage [tels que] :

- la respiration : le socle du bien-être canalise votre stress, les exercices vous apprennent à mieux la contrôler en toute situation ;
- l'autosuggestion : une méthode Coué améliorée place la pensée positive au cœur de la sophrologie pour transformer la perception des événements ;
- la relaxation : les tensions du corps contribuent à entretenir les nœuds psychologiques. Les exercices visent à la détente des muscles pour une sensation de bien-être progressif ;
- la visualisation : une imagerie mentale qui projette des scénarios positifs qui vont plonger le cerveau dans un bain de sérénité. »*

* Louise Castillon, « La sophrologie contre le stress », www.e-sante.fr, septembre 2012.

BIENFAITS

La sophrologie :

- permet une vraie détente musculaire et l'acquisition d'une respiration profonde ;
- nous recentre ;
- nous aide à dépasser certaines problématiques quotidiennes ou enjeux personnels ;
- nous aide à combattre stress, mauvais sommeil, angoisse, addiction au tabagisme, etc.
- nous aide à mieux nous préparer mentalement lors d'enjeux sportifs : la victoire du mental !

APP

Symbiofi – Sophrologie : 12 exercices pour une vie harmonieuse et positive.

AUTRES PETITES INSPIRATIONS MATINALES...

La marche

Bien évidemment, il a bien d'autres activités sportives à découvrir et à mettre en place dans vos routines matinales prodigieuses, comme la marche, tout simplement (recommandée par l'OMS, Organisation mondiale de la santé) ! Pour être en bonne santé, il faudrait faire 10 000 pas par jour. Pas mal ! En comparaison, on estime qu'un sédentaire fait moins de 3 500 pas quotidiennement, alors, hop hop hop, on se bouge !

.../

/...

Inspiration du Nord

La **marche nordique,** qui ressemble au ski de fond, est aussi tonique que le jogging et est, paraît-il, l'une des meilleures activités pour stimuler la fonction respiratoire.

Inspiration d'Asie

Le **Qi Gong** – prononcez *tchi kong* – est une discipline chinoise ancestrale qui ressemble à une danse d'énergies faite de mouvements lents basés sur le contrôle de la respiration. *Inspire, expire... « le ciel et la terre communiquent »... inspire, expire... « le feu et l'eau s'harmonisent »*. Le Qi Gong est proche d'une philosophie de vie. Le **tai-chi**, « la boxe de l'ombre », est un « art martial basé sur l'équilibre entre force et faiblesse, fermeté et souplesse ».* Véritable technique de longévité, il entretient non seulement la souplesse du corps et la santé de nos organes, mais retarderait aussi les effets du vieillissement. Tentant !

Inspiration *from London*

Vous voulez faire la fête le matin aux aurores avant d'aller travailler ? Filez au *before work clubbing* ! Les Morning Gloryville, véritable phénomène de mode, viennent de nos voisins d'outre-Manche. Un « Matin Gloryville » commence à 6 h 30 et se termine à 10 h 30 avec des activités comme yoga, massages gratuits, danse extatique, hula-hoop, et bon petit-déjeuner sain et rafraîchissant ! Tout cela au son d'un DJ en grande forme !**

.../

* Laurence Lemoine, « Tai-chi : ma première leçon », www.psychologies.com, janvier 2001.

** À l'heure où nous imprimons, vous pouvez rejoindre les Morning Gloryville à Paris : www.morninggloryville.com/city/paris

/...

Inspiration de mon amie Charlotte : la musique et la danse pour un moral au top !

Peu importent les Morning Gloryville qui existeraient dans votre ville ou non, Charlotte a trouvé sa solution « maison » ! Tous les matins, elle organise sa petite fiesta « perso » dans son salon, et danse sur des rythmes effrénés. Elle s'est ainsi constitué une playlist spéciale *morning*. Super bonne idée, non ? J'avoue que, depuis, lorsque je sens que mon moral n'est pas vraiment en haut de l'échelle, je mets mon casque sur les oreilles et danse 5 bonnes minutes sur mon *dance-floor* improvisé. Après, IMMANQUABLEMENT, on se sent SYSTÉMATIQUEMENT TOUJOURS plus au top ! Et c'est normal, même les scientifiques le disent : la musique nous rend instantanément heureux.

Avez-vous vu le film *New York Melody* (à voir ABSOLUMENT, un de mes films « top 10 » qui donnent la pêche. Une pépite romantique !) avec Keira Knightley, Mark Ruffalo et Adam Levine (le chanteur de Maroon 5) ? Il y a une séquence amusante dans laquelle, au cours d'une soirée, l'un des invités propose de ne PAS danser ni de bouger son corps sur les musiques endiablées qu'il passait. Bien évidemment personne n'y est arrivé ! Mission impossible ! Alors, vous aussi, dansez, dansez, c'est bon pour le moral !

.../

/...

D'ailleurs, le Dr Jacob Jolij, chercheur en neurosciences à l'université de Groningen aux Pays-Bas, s'est intéressé aux titres qui nous rendent joyeux. Il a ainsi mis au point une équation prenant en compte trois critères : les paroles, obligatoirement positives, l'utilisation d'une gamme de notes en mode majeur et, le plus important, un tempo d'au moins 150 battements par minute. En décortiquant les chansons listées par les personnes interrogées et en utilisant son équation, le scientifique a établi le top 10 des chansons capables de nous rendre heureux en quelques notes* :

1/ *Don't Stop Me Now* de Queen
2/ *Dancing Queen* d'Abba
3/ *Good Vibrations* des Beach Boys
4/ *Uptown Girl* de Billy Joel
5/ *Eye of the Tiger* de Survivor
6/ *I'm a Believer* de The Monkeys
7/ *Girls Just Wanna Have Fun* de Cyndi Lauper
8/ *Livin' On a Prayer* de Bon Jovi
9/ *I Will Survive* de Gloria Gaynor
10/ *Walking on Sunshine* de Katrina & The Waves

* Anaïs Orieul, « Le top 10 des chansons qui rendent heureux (selon la science) », www.terrafemina.com, septembre 2015.

DÉTENDEZ-VOUS L'ESPRIT

#Esprit

La méditation pour vous reconnecter

Vous souhaitez vous détendre l'esprit, et vaincre la négativité et le stress ? Vous mettre en mode « coupure mentale » et vous RECONNECTER à votre calme intérieur ? Silence. La toute première chose à faire, le premier acte de soin envers vous-même est de DÉCONNECTER ! *Off* Facebook®, Twitter®, Instagram®, votre boîte mails, la radio, la télévision… Installez-vous sur un gros coussin, le dos bien droit, le cœur grand ouvert, et respirez…

MÉDITER, C'EST QUOI AU JUSTE ?

Méditer, c'est observer avec attention ce qui se passe à l'intérieur de vous au moment présent. Et cela, instant après instant, seconde après seconde, minute après minute… Ce n'est surtout pas aller chercher des états ou des mondes extraordinaires ou psychédéliques. Non, c'est juste porter votre attention sur votre respiration, votre souffle, vos sensations, vos émotions, être « un »… *1- j'inspire, 2- j'expire, 1- j'inspire, 2- j'expire…* C'est aussi simple que cela ! Enfin presque… parce que, bien évidemment, moult pensées vont venir vous traverser l'esprit au même moment. Un vrai tohu-bohu ! « Oups ! J'ai oublié d'envoyer ce mail à… » « Il faut absolument que j'achète des croquettes pour le chat… » « Demain, je dois me lever à... pour... sinon… » L'important est de revenir à votre respiration. C'est tout ! C'est LE fil d'Ariane pour rester en contact avec vous-mêmes.

Méditer est donc un jeu d'allers-retours entre :
- porter notre attention sur notre respiration ;
- laisser filer les pensées qui viennent sans les saisir, comme on regarderait un oiseau traversant tranquillement le ciel.

Cela, sans jugement ni commentaires, comme : « Oh, c'est nul, je me suis encore fait récupérer par mes pensées… j'ai zappé ma respiration… » C'est normal, lâchez ! C'est cela méditer : précisément cet aller-retour, cette danse irrégulière entre les pensées qui traversent notre esprit ET ce retour à l'attention à l'aide de notre respiration.

Dans les premiers temps, comme tout débutant, vous n'allez être que de rares moments en conscience avec votre respiration, et allez faire beaucoup d'allers-retours entre pensées et respiration. Mais, plus on pratique, plus on « dompte » son esprit : plus les moments de conscience avec votre respiration seront longs, plus les allers-retours avec vos pensées seront espacés.

Votre esprit deviendra ainsi de plus en plus stable. Dans les enseignements bouddhistes, il est dit qu'il est comme un singe ou un cheval fou qu'il faut dompter et stabiliser.

IL N'Y A PAS *UNE* MAIS *DES* MÉDITATIONS

Il existe différentes formes de méditation : pour choisir celle qui vous correspond le mieux, indépendamment d'un contexte culturel ou religieux, voici un petit tour d'horizon des principales pratiques.

LA MÉDITATION PLEINE CONSCIENCE OU *MINDFULNESS* : IDÉALE POUR DÉBUTER

Cette forme de méditation est dérivée des pratiques bouddhistes, mais totalement épurée de ses aspects religieux. En France, le « roi » de la *mindfulness* est le Dr Christophe André*, médecin psychiatre au sein du service hospitalo-universitaire de l'hôpital Sainte-Anne, à Paris. Il a écrit de nombreux ouvrages sur la pleine conscience dont le fameux *Méditer jour après jour*** et a sorti son application Méditer avec Christophe André.

LA MÉDITATION GUIDÉE

Ici, il s'agit de propositions de séances de méditation (5, 10, 15, 20 minutes…) durant lesquelles une « voix » vous explique comment méditer et vous accompagne. La méditation guidée est idéale pour les débutants : elle nous apprend à méditer petit à petit et de façon sérieuse.

---

* Voir aussi son interview p. 26.

** L'Iconolaste, 2011.

AUTRES MÉDITATIONS « EN VRAC »*

- La méditation Vipassana : l'une des plus anciennes techniques de méditation de l'Inde.
- La méditation bouddhiste : le but est d'atteindre l'Éveil, c'est-à-dire la libération de toutes souffrances.
- La méditation Zen ou Zazen de culture japonaise. Le lieu de méditation zen est aussi nommé *dojo*.
- La méditation transcendantale : récitation d'un mantra.
- La méditation par le rire : étirements et éclats de rire au programme.
- La méditation Mandala : utiliser des crayons de couleurs pour réduire le stress.
- La méditation 3G… : la méditation de troisième génération basée sur des sons.

UNE POSITION CONFORTABLE ET UN ESPRIT CONCENTRÉ

Quels conseils pour avoir une bonne **posture** :

- s'asseoir sur un coussin qui surélève votre fessier afin que vos genoux touchent le sol ;
- le dos bien droit ;
- le menton rentré, allongeant la colonne vertébrale ;
- le cœur grand ouvert (on peut même sourire en inspirant pour bien démarrer la session de méditation) ;
- les yeux entrouverts et baissés dans le prolongement de votre nez ;
- les mains posées sur vos genoux ou croisées ;
- la respiration tranquille.

---

* « Divers types de méditation » : http://www.uneviezen.com/types-de-meditation.html

Quelques **supports** pour vous aider à vous concentrer et vaincre les deux « ennemis » de la méditation : l'agitation et la torpeur :

- les supports dits « ordinaires » : une fleur, une bougie, un verre d'eau, la photo d'un paysage, etc.
- les supports dits « sacrés » : photo, image ou statue d'un être éveillé, d'une divinité, de lettres sacrées… selon vos croyances.

Une fois tout cela mis bien en place, à vous la merveilleuse sensation d'être en lien avec vous-même et les autres, la paisible concentration, le calme délicieux, la douce confiance, la belle reliance… le « nirvana » quoi !

BIENFAITS

La méditation nous permet de :

- nous mettre en profondeur sur « pause » ;
- être en contact avec nous-mêmes ;
- nous libérer l'esprit du stress et des pensées négatives nuisibles ;
- augmenter notre force de concentration ;
- retrouver un émerveillement du quotidien ;
- avoir une meilleure mémoire ;
- améliorer notre sommeil (moins de stress, moins de pensées négatives) ;
- nous faire sortir d'une spirale de mal-être…
- et, finalement, à force de nous asseoir en tailleur et de respirer en conscience, nous devenons plus heureux !

> *À force de respirer « en conscience » nous devenons plus heureux !*

UN SYSTÈME IMMUNITAIRE RENFORCÉ

Des moines bouddhistes se sont prêtés à des expériences menées sur le cerveau par des chercheurs occidentaux. Les résultats bousculent les connaissances médicales : oui, la méditation améliore considérablement nos capacités psychiques comme notre santé. Depuis 1958, les études montrent que cette pratique a des effets bénéfiques et puissants sur la santé. La première expérimentation importante a été menée à l'université de Harvard par le cardiologue Herbert Benson, qui refusait de croire que la méditation puisse réduire l'hypertension. Quelques semaines après avoir commencé les tests, il a constaté non seulement une réduction importante de la pression sanguine, mais aussi une diminution du taux de cholestérol, des douleurs chroniques, de la dépendance aux drogues et de l'anxiété. Une autre étude, menée par le Dr David Orme-Johnson et publiée dans la revue *Psychosomatic Medicine* en 1987, a démontré que, chez les « méditants », les consultations médicales diminuent de 44 %, les maladies cardiovasculaires de 87 %, les maladies infectieuses de 30 %. Les dernières recherches en psycho-immunologie, dont les résultats ont été publiés fin 2003, ont été effectuées par le Pr Richard Davidson, directeur du laboratoire d'imagerie cérébrale de l'université du Wisconsin, et Jon Kabat-Zinn, avec des groupes d'étudiants. Elles démontrent qu'un programme d'entraînement à la méditation, même court, a une influence positive sur le système immunitaire parce qu'il permet de réguler le centre cérébral des émotions.*

D'une manière générale, et c'est unanime, il est donc prouvé que la méditation améliore nos capacités psychiques et physiques, et peut même avoir un impact sur notre niveau de réussite !

* Erik Pigani, « Les bienfaits prouvés de l'entraînement mental », www.psychologies.com, janvier 2004.

Élisabeth Borne

P.-D.G. DE LA RATP

Images du matin

Plutôt un mot : important ! C'est un moment très important, j'ai besoin de prendre du temps pour moi le matin, juste pour moi, parce que je passe ma vie à courir...

Réveil

Je me lève au plus tard à 6 h 45 avec mon iPhone® et une jolie petite musique qui démarre doucement – je ne me souviens plus du nom.

Quelle motivation pour se lever ?

Parce que j'ai des choses passionnantes à faire ! C'est vrai que c'est une chance d'avoir un travail en prise directe avec la vie des 11 millions de Franciliens que nous transportons chaque jour à la RATP. Cet enjeu de service aux voyageurs est une grande responsabilité qui me donne de l'énergie au quotidien.

Routines

- Gym pendant 15 minutes : abdos, assouplissement, détente du dos... Tous les bons mouvements du matin ! Et le week-end, je cours.
- Un bain : c'est ma séquence personnelle, pendant laquelle je ne pense à RIEN ! Je sais, ce n'est pas très développement

.../

/...

durable, mais c'est essentiel pour moi. En fait, je me couche assez tard, vers 1 h du matin, j'ai absolument besoin de lire quoi qu'il arrive, donc, pendant ce petit moment, je repense au très beau roman que j'ai lu la veille, comme ce roman brésilien très drôle *Les nuits de laitue* que je viens de terminer, et je m'efforce de ne pas penser aux activités de la journée ! C'est un moment « ailleurs » ! À moi.

Le soir, c'est mon rendez-vous roman, que j'adore dévorer, et le matin, c'est mon rendez-vous avec moi-même !

Petit-déjeuner

Je prends juste un thé chez moi avant de partir, parce que j'ai souvent des petits-déjeuners de travail vers 8 h.

Impact

Ce moment du petit matin est très important car après, j'enchaîne toute la journée sans vraiment m'arrêter. Me retrouver avec moi-même est un facteur d'équilibre INDISPENSABLE ! Sinon, on ne sait plus qui on est, où on est, ni quel sens donner à ce que l'on fait.

Les petits matins à la RATP

Paris fait partie des grandes métropoles, c'est une ville qui ne s'endort plus. À la RATP, on est bien placé pour le savoir, parce que beaucoup de nos agents travaillent toute la nuit. Lorsque le transport des voyageurs est arrêté, on s'occupe de maintenir les voies... C'est un gros travail. Nos métros ouvrent vers 5 h et, effectivement, c'est le top départ de nombreux salariés qui partent travailler...

APPS
Méditation pleine conscience : **Méditer avec Christophe André**. Avec un petit test pour mieux construire son parcours personnalisé, cet outil très pratique propose sept méditations audio-guidées.

Méditation guidée : **Petit BamBou, Zenfie...**

Application d'ambiance : **Calm,** une application très agréable car on peut choisir différentes vidéos de paysages dans lesquels on souhaite s'évader et se détendre (champs de blé, lac de montagne, coucher de soleil en bord de mer...), images souvent accompagnées d'un fond musical.

Les pouvoirs de la visualisation

La visualisation, aussi appelée « imagerie mentale dirigée », est une création d'images mentales positives que nous choisissons en fonction de nos besoins pour nous aider à mieux vivre une situation ou atteindre nos objectifs. Moi, personnellement, j'ai appris cette technique pendant ma période de chimiothérapie avec un livre tout simple *Se guérir par la visualisation* de Patrice Fanning* (Je sais, je ne vous avais pas parlé précédemment du cancer que j'ai eu à mes 29 ans, parce que ce livre n'est pas, à proprement parler, une autobiographie.) J'avoue que de visualiser des rivières de diamant circulant dans mes veines, illuminant l'ensemble de mon corps et guérissant mes cellules malades pendant que les produits de chimiothérapie se répandaient, m'a énormément aidée à supporter le traite-

* Marabout, 1993.

ment et à le vivre de manière bienveillante et combative. Ces visualisations de rivières de diamant de chimio devenaient des élixirs magiques de guérison que j'ai fini par aimer.

Beaucoup d'athlètes pratiquent également la visualisation pour gagner leurs enjeux sportifs. Elle peut aussi jouer un rôle essentiel dans nos recherches d'emploi, dans la réussite de nos examens, ou de création d'auto-entreprise. Se visualiser en train de gagner un contrat, décrocher un nouveau poste, signer avec son premier client, met en œuvre les ressources incroyables de notre esprit, et nous donne des moyens, certes alternatifs, mais supplémentaires de réussir. C'est un entraînement facile qui ne coûte absolument rien et qui nécessite juste d'avoir un objectif clair en tête !

IMAGINER… ET AGIR !

Comment faire pour pratiquer ? Pour cela, il faut :

- vous poser dans un lieu calme, relâcher votre corps et votre esprit ;
- imaginer ce que vous voulez atteindre avec le plus de détails possibles comme si vous dérouliez un film dans votre tête ;
- éprouver les sensations et les émotions qui vont avec : c'est le plus important ! Voyez votre victoire, souriez, ressentez votre fierté, votre joie, sautez même au plafond. Vous êtes à la fois votre propre producteur, réalisateur, metteur en scène et acteur : profitez-en !

Même si votre corps « se souvient » de ce que vous avez pu imaginer, agissez ensuite en conséquence, parce que visualiser n'est pas magique non plus. Il faut agir, souvenez-vous de la loi de l'action !

BIENFAITS

La technique de la visualisation :

- améliore le bien-être et réduit l'anxiété ;
- stimule la créativité ;
- réduit la douleur et les sensations indésirables de la chimiothérapie ;
- améliore la qualité de vie des personnes malades ;
- maintient et entraîne un cercle vertueux de pensées positives.

Prenez la plume

« Écrire, c'est une façon
de parler sans être interrompu. »
JULES RENARD

Écrire permet de s'évader dans un autre monde, puis aide à la fois à se détendre, à se défouler, à s'apaiser, à se débrider et à faire fonctionner son imagination. Quoi de plus réjouissant que de poser des mots, noir sur blanc, sur un écran d'ordinateur ou sur le papier, mots venant uniquement de sa créativité, de son analyse et/ou de son imaginaire ?

UN SAUT DANS L'IMAGINAIRE

Êtes-vous prêt à écrire une fiction, une nouvelle, un roman, des poèmes *haïkus*, un sketch, un scénario… ?

BIENFAITS

L'écriture est un moyen ludique de faire fonctionner ses neurones. Elle permet de :

- *booster* son imagination et sa créativité ;
- exprimer ses émotions ;
- s'apaiser et déstresser ;
- s'affirmer ;
- … et se faire remarquer !

LE JOURNAL INTIME : MIROIR, MIROIR…

BIENFAITS

Mettre sur papier nos émotions et nos ressentis nous aide à l'introspection, pour :

- exprimer nos émotions ;
- poser un regard distancié sur les événements de notre vie ;
- se décharger d'une énergie négative ;
- créer une distance avec nos états d'âme ;
- apprendre des choses sur nous-mêmes ;
- se redonner confiance.

LES « PAGES DU MATIN » : LE GRAND MÉNAGE MENTAL !

C'est une technique bien connue pour ceux et celles qui ont lu le livre de Julia Cameron, *Libérez votre créativité**. De quoi s'agit-il ? D'écrire tous les matins trois pages d'écriture automatique en couchant sur le papier tout ce qui nous passe par la tête, en ne censurant rien et en débridant tout. Même si l'on doit timidement commencer par « je ne sais pas quoi écrire… »

BIENFAITS

- Fonction de nettoyage et de lavage de cerveau !
- Diminue notre stress, purge notre négativité.
- Nous connecte à notre créativité et aux idées nouvelles.
- Nous apporte des solutions étonnantes.

> “ *Mettre sur papier nos émotions aide à l'introspection* ”

* Dangles, 1999 ; J'ai lu, 2007.

Christine Lewicki

FONDATRICE DE O COACHING ET AUTEUR*

Images du matin

Mes gros cailloux ! J'ai appris cette technique quand j'ai commencé à vouloir écrire mon livre *J'arrête de râler*. Il faut d'abord mettre les choses les plus importantes pour soi en premier dans son bocal, parce qu'après, dans la journée, on n'y arrivera plus ! Donc le matin, pour moi, maintenant, ça veut dire conscience des gros cailloux**.

Alouette ou chouette ?

Moi je ne suis absolument pas du matin ! J'ai toujours décrété que c'était une hérésie de devoir se lever avant 8 h. Et même quand je visualisais ma vie idéale, je la faisais commencer à 10 h. Ça, c'était avant ! Maintenant j'ai découvert la saveur du matin.

Réveil

Je me réveille à 5 h 45 tous les jours de la semaine avec un petit réveil. L'idée, c'est d'être à 6 h en train de travailler sur mes gros cailloux ! Dans mes journées, comme beaucoup d'entre nous, j'ai trop de choses à faire dans le temps qu'il m'est donné. Aujourd'hui, avec les nouvelles technologies, le téléphone, les SMS, les e-mails,

…/

* Christine Lewicki est fondatrice et directrice de la société O Coaching Inc. basée à Los Angeles en Californie. Auteur du best-seller *J'arrête de râler* (Eyrolles, 2011 ; Pocket, 2014) et coach d'entreprise certifiée, elle est aussi conférencière, formatrice et facilitatrice de groupe MasterMind. Retrouvez-la sur www.christinelewicki.com

** Voir l'histoire des gros cailloux p. 180.

/...

Facebook®, Twitter®, Instagram®, les alertes d'actu du monde... on a plus que jamais un tsunami de choses qui viennent à nous. Finalement, je pourrais passer ma vie à gérer ce qui vient à moi. Le matin, c'est le moment où j'essaye de penser à ce que je veux, à ce que j'ai envie qu'il m'arrive dans ma journée, dans ma vie, et pas l'inverse ! Je vais évidemment continuer à gérer ce qui vient à moi (heureusement, j'ai plein de choses formidables qui viennent à moi), mais, au moins, tous les jours, je prends le temps de donner une direction à ma vie.

Précision : Christine habite Los Angeles et vit au rythme américain. Elle dîne à 18 h 30, et est couchée à 21 h 30. Elle dort entre sept et sept heures trente par nuit.

Quelle motivation pour se lever ?

Moi, je me sens un messager. Ce qui est très clair pour moi, c'est que, lorsque je suis dans une situation d'écriture, en conférence, ou en accompagnement de participants dans des retraites, je suis à ma place. Donc pour moi, le sens du matin, le fait d'avoir à se lever, et d'effectuer cette discipline régulière d'avoir rendez-vous avec mon corps – le sport – ou avec mon écriture et ma créativité, c'est de nourrir mon être pour pouvoir me donner les moyens de contribuer et de partager plus avec les autres ensuite. Ce qui me motive à me lever, c'est l'idée de cet espace, pour moi, qui me fait avancer pour ce que je considère comme important dans ma vie : mes gros cailloux !

.../

/...

Routines

Si je sors de bonne heure du lit, c'est pour être utile ! C'est pour en faire quelque chose ! Ce n'est pas pour être sur Facebook®, mettre une machine en route, ou faire des choses qui sont plutôt de l'ordre des grains de sable de ma vie. En me levant à 5 h 45, j'ai une heure devant moi, parce que je suis une femme et j'ai des enfants à réveiller, lever, nourrir, habiller et emmener à l'école ! Donc, comme je ne peux pas tout faire dans cette heure-là, je choisis selon l'humeur du jour une ou deux de mes activités types « gros cailloux » :

- Écriture. Pendant une heure : manuscrit, articles de blog, ou processus créatif d'écriture...
- Rappel des intentions : travailler sur mes intentions, c'est poser par écrit ce que je cherche à vivre en ce moment, quel sens j'ai envie de donner à ma vie avec les valeurs du moment... Le mot-clef dans mon radar actuellement, c'est le mot « contribution » à partir duquel j'écris mes objectifs pour le jour. Attention, c'est différent de ma *to-do list*. Mes objectifs, ce sont généralement les trois choses – maximum – vraiment importantes pour moi, que je souhaite avoir accompli à la fin de la journée.
- *Running* : 40-45 minutes, deux ou trois fois par semaine. Dès que je m'éveille, si je n'écris pas, je mets mes baskets, je pars dans la rue courir jusqu'en haut de la petite colline au lever du soleil, puis je redescends et je réveille mes enfants.
- Méditation : pour être franche, même si je le fais parfois le matin, c'est plutôt le soir. Ce n'est pas forcément évident pour moi d'avoir à refermer les yeux quand je viens tout juste de me réveiller ! C'est un peu dangereux pour moi !

.../

/...

Petit-déjeuner

Rien de spécial. Café, jus de fruit, des tartines ou parfois du quinoa avec des fruits.

Impact

Avant, je me levais plus tôt le matin parce que j'avais une activité professionnelle très dense, des enfants, et je voulais écrire un livre. J'ai découvert l'impact de la discipline dans ma vie. On pense que la discipline est une contrainte mais elle est en fait aujourd'hui ma plus grande source de liberté. La régularité de ce rendez-vous quotidien avec ce qui me tient à cœur est ma plus grande force. Certains jours, je suis « au taquet » et ma routine matinale est extrêmement riche et, parfois, je suis au ralenti et j'ai l'impression qu'elle ne m'a pas servi. Mais ce n'est pas grave car je recommence le lendemain ! J'ai aussi découvert que si je commence ma journée avec une heure d'écriture, alors il m'est beaucoup plus facile de retourner sur mes écrits plus tard dans la journée (quand un rendez-vous est annulé ou un créneau libéré). Que ce soit 15 ou 30 minutes, je peux cibler mon attention pour affiner ce qui aura été mis sur papier le matin.

**UNE HISTOIRE PLEINE DE SAGESSE :
LES GROS CAILLOUX DE LA VIE
(AUTEUR INCONNU)**

Un jour, un vieux professeur donne une formation sur la planification efficace de son temps à un groupe de dirigeants de grosses compagnies américaines. Debout devant ce groupe d'élite (qui était prêt à noter tout ce que l'expert allait enseigner), le vieux prof dit : « Nous allons réaliser une expérience. » Le vieux prof sortit un immense pot de verre de plus de quatre litres qu'il posa délicatement en face de lui. Ensuite, il sortit une douzaine de cailloux à peu près aussi gros que des balles de tennis et les déposa dans le grand pot. Lorsque le pot fut rempli jusqu'au bord et qu'il fut impossible d'y ajouter un caillou de plus, il demanda à ses élèves : « Est-ce que ce pot est plein ? » Tous répondirent : « Oui ! » Il attendit quelques secondes et ajouta : « Vraiment, vous en êtes sûrs ? » Alors, il se pencha de nouveau et sortit de sous la table un récipient rempli de gravier. Il versa ce gravier sur les gros cailloux puis brassa légèrement le pot. Les morceaux de gravier s'infiltrèrent entre les cailloux jusqu'au fond du pot. Le vieux prof leva à nouveau les yeux vers son auditoire et redemanda : « Est-ce que ce pot est plein ? » Cette fois, ses brillants élèves commençaient à comprendre son manège. L'un d'eux répondit : « Probablement pas ! » « Bien ! » répondit le vieux prof. Il se pencha de nouveau et cette fois, sortit de sous

.../

/...

la table un petit sac de sable qu'il versa dans le pot. Le sable alla remplir les espaces entre les gros cailloux et le gravier. Encore une fois, il demanda : « Est-ce que ce pot est plein ? » Cette fois, sans hésiter et en chœur, les brillants élèves répondirent : « Non ! » « Bien » répondit le vieux prof en prenant un pichet d'eau qui était sur la table avec lequel il remplit le pot jusqu'à ras bord. Le vieux prof leva alors les yeux vers son groupe et demanda : « Quelle grande vérité nous démontre cette expérience ? » Un des élèves répondit : « Cela démontre que même lorsque l'on croit que notre agenda est complètement rempli, si on le veut vraiment, on peut y ajouter plus de rendez-vous, plus de choses à faire. »

« Non ce n'est pas cela ! répondit le vieux prof. La grande vérité que nous démontre cette expérience est la suivante : si l'on ne met pas les gros cailloux en premier dans le pot, on ne pourra jamais les faire entrer tous ensuite. » Le vieux prof conclut en leur demandant : « Quels sont les gros cailloux dans votre vie ? Votre santé ? Votre famille ? Vos ami(e)s ? Réaliser vos rêves ? Faire ce que vous aimez ? Apprendre ? Défendre une cause ? Vous relaxer ? Prendre le temps... ? Ou... tout autre chose ? »

Ce qu'il faut retenir, c'est l'importance de mettre ses GROS CAILLOUX en premier dans sa vie, sinon on risque de ne pas réussir sa vie ! Si on donne priorité aux peccadilles (le gravier, le sable), on remplira sa vie de peccadilles et on n'aura plus suffisamment de temps précieux à consacrer aux éléments importants.

Enfin un temps pour lire !

« La lecture apporte
à l'homme plénitude,
le discours assurance
et l'écriture exactitude. »
Francis Bacon

Le monde des livres a toujours quelque chose à nous offrir de merveilleux. Lorsque nous lisons un roman, une fiction, une biographie, un essai, notre esprit s'évade vers un monde complètement nouveau. On se « décentre », on élargit notre sphère de connaissances, on apprend un fonctionnement, on « vit » une vie extraordinaire à travers un personnage hors norme, par exemple, ou on s'alimente et se perfectionne sur différents sujets qui nous passionnent.

Bref ! Pour notre cerveau, la lecture est un aliment délicieux et bourré de vitamines ![*]

BIENFAITS

La lecture apaise :

- elle nous transporte dans un autre monde ;
- elle nous détend, nous tranquillise et diminue un état d'anxiété.

---

* Nicolas-Frédéric, « Les dix bienfaits de la lecture : pourquoi vous devriez lire tous les jours », www.comment-economiser.fr, août 2015.

Et *booste* :

- nos connaissances. La lecture remplit et nourrit notre cerveau de nouveaux concepts, de nouvelles idées, de nouvelles informations, et nous aide petit à petit à constituer notre « culture » ;
- notre vocabulaire. On le sait, plus on lit, plus on apprend de nouveaux mots, et plus, on s'instruit !
- notre expression écrite. Écrire va de pair avec le vocabulaire, qui lui-même va de pair avec la lecture… Cercle vertueux ;
- nos capacités d'analyses. Un livre nous fait forcément réfléchir et nous poser des questions. Pour échanger nos impressions sur ce que nous venons de lire – l'histoire, le style, l'univers – nous devons forcément faire appel à nos capacités critiques et synthétiques ;
- notre mémoire. Lire, c'est avoir à se rappeler d'une multitude d'informations sur des personnages, des dates, des concepts, des intrigues, des liens, des compréhensions, etc.
- notre concentration. Lire, c'est s'extraire d'un environnement et diriger toute son attention sur quelques pages qui nous amènent ailleurs. C'est se recentrer, se concentrer et mettre à distance les éléments de distraction ;
- l'apprentissage d'une langue.

> *Lire, c'est s'extraire d'un environnement et se recentrer*

LA BIBLIOTHÉRAPIE :
LES MOTS POUR SOIGNER LES MAUX

Les romans permettraient de développer une réflexion plus élaborée et une plus grande créativité tout en adoptant les modes de pensées d'une autre personne, même si l'on est en désaccord avec elle (...) se mettre à la place de l'autre pour stimuler l'empathie, l'altruisme, la compassion ou à l'inverse le dégoût, le rejet, la colère... Bref, susciter des émotions et permettre de montrer au lecteur-patient qu'il n'est pas seul à éprouver tel sentiment ou à avoir vécu telle situation. »*

* Audrey Chabal, « Bibliothérapie : les livres pour soigner les maux », www.slate.fr, 30 septembre 2015.

OUVREZ VOTRE CŒUR

#Cœur

Mens sana in corpore sano : « Un esprit sain dans un corps sain », citation de Juvénal, poète de la Rome antique qui défendait ce fameux principe pour être une personne heureuse et épanouie. Je rajouterais, pour ma part, un troisième élément essentiel : notre cœur ! On le sait, l'intelligence émotionnelle est fondamentale.

DE L'INTELLIGENCE DU CŒUR

« Au début des années 1990, la découverte de l'intelligence émotionnelle a levé le voile sur une bizarrerie : 70 % des personnes dotées d'un QI moyen dépassent celles qui ont un QI élevé. (...) L'intelligence émotionnelle (IE), c'est l'art de manier les émotions qui influent sur notre comportement, nous permettent

.../

/...
de naviguer dans une société toujours plus complexe, et de prendre les bonnes décisions (...) la conscience de soi, la maîtrise des émotions, la motivation, l'empathie et la capacité à entrer en relation. »*

CORPS + ESPRIT + CŒUR = le trio gagnant
LA combinaison magique de notre épanouissement !

Pour vous ouvrir, laisser voir votre tendresse et votre sensibilité, vous apaiser, vous réconcilier, vous transformer en profondeur, vous grandir… et entrer en contact avec une nouvelle dimension de votre être, ouvrez votre cœur !

Le journal de la gratitude : que c'est bon la reconnaissance !

La gratitude, c'est simple, il suffit de prononcer le plus souvent possible dans la journée un vrai et profond « MERCI ». Sentiment puissant, la gratitude est à la fois une décision courageuse (ce n'est pas toujours facile) et un excellent moyen de faire le point. Où en êtes-vous ? Grâce à qui ? Grâce à quoi ? Qu'est-ce qui vous aide à vous lever chaque matin ? Le chant des oiseaux, l'odeur du café préparé par votre conjoint(e), le soleil qui pointe dans votre chambre à travers les rideaux, votre groupe de

* « Intelligence émotionnelle : 18 signes distinctifs des personnes les plus capables de décoder leurs semblables », www.atantlico.fr, février 2015.

musique préféré, le sourire de vos enfants… Au nom de tout ça : REMERCIEZ, vous avez tout à y gagner !

BIENFAITS

MERCI : cinq lettres à cultiver pour notre santé psychique et physique ! Elles permettent de :

- augmenter notre *positive attitude* et notre optimisme ;
- atteindre nos objectifs avec force et enthousiasme ;
- favoriser des relations plus harmonieuses ;
- ancrer des souvenirs plus positifs ;
- consolider notre résilience ;
- créer du lien : de nous aux autres, de nous au monde, de nous… à nous !
- augmenter notre longévité. C'est prouvé !

Comment faire ? Il suffit de télécharger une application ou de prendre votre fidèle journal de bord, et de noter trois ou quatre choses pour lesquelles nous ressentons l'envie de dire « merci ». Vous verrez : au bout de quelques semaines, quelque chose aura changé en vous : rayonnement assuré !

APPS

Gratitude Journal 365 – La mémoire du cœur, Gratitude journal – The original!

La lettre du cœur

*« La sincérité est la perle qui se forme
dans la coquille du cœur. »*
Proverbe soufi

Une lettre d'amour, de réconciliation, d'encouragement, d'excuse… à ses proches, ses amis, ses amours, à soi-même… Et si vous écriviez ces mots qui vous brûlent la langue et vous tiennent à cœur ?

Pour cela, il suffit de vous poser, de penser à qui vous souhaitez adresser cette lettre, d'ouvrir votre cœur, et c'est parti !

BIENFAITS
- Réfléchir à ce que l'on ressent.
- Exprimer ses sentiments.
- Travailler sur sa sincérité.
- Travailler sur sa générosité.
- Travailler sur son honnêteté.
- Révéler ou entretenir une flamme.
- Améliorer et réparer des relations.

Les poèmes d'amour

« Qu'est-ce que la poésie ? Une pensée dans une image. »
Goethe

On parle, on chante, on écrit, on pianote, on photographie l'amour… depuis si longtemps ! Et devinez quoi ? L'amour n'a pas pris une ride. Si nous faisons confiance à Lao Tseu ou Épicure pour nous parler de sagesse, pourquoi ne pas se tourner vers Gérard de Nerval ou Alfred de Musset pour nous parler d'amour ?

Bercez-vous dans la musique des mots, savourez les détours et les déclarations de ces amants créatifs ! Si vous avez la chance de partager votre vie avec l'élu(e) de votre cœur, pourquoi ne pas lui envoyer une fois par semaine, par mail ou texto, un ou deux vers qui font sens pour vous ? Allez, voire une fois par jour si vous aimez les challenges !

Gérard et Marc s'écrivent tous les matins depuis vingt ans des petits mots d'amour qu'ils cachent un peu partout dans la maison… Dorian, quant à lui, privilégie un lieu précis pour charmer sa bien-aimée avec de petits Post-It® collés chaque soir avant d'aller se coucher : le réfrigérateur !

Imaginez : un matin, en cherchant votre brique de lait, vous découvrez vous aussi ce petit mot :

« Car tu vis en toutes les femmes
Et toutes les femmes c'est toi.
Et tout l'amour qui soit, c'est moi
Brûlant pour toi de mille flammes… »
Paul Verlaine

Il y a pire comme début de journée, non ?

BIENFAITS

Le plaisir et la (re)découverte des bons (et beaux) mots :

- *booste* la créativité (si vous êtes aussi un auteur en puissance !) ;
- donne les clefs pour exprimer votre amour au quotidien ou de façon exceptionnelle ;
- charme, séduit et entretient la flamme ;
- transporte tout simplement…

Offrandes, prières et petits moments sacrés

Encens, bougies, musique... à vous de trouver les éléments qui vont « matérialiser » votre petit moment de spiritualité. Si vous n'avez pas vraiment de rituels précis et que vous ne savez pas comment procéder, inventez, faites comme vous le sentez, spontanément et simplement.

BIENFAITS

Chaque petit moment sacré :

- permet de se reconnecter à une tradition, une culture familiale ;
- aide à se reconnecter à sa foi et à ses besoins spirituels ;
- apaise et relie à « quelque chose ».

Les mandalas : à vos crayons de couleurs !

« Le mandala, dont le mot issu du sanscrit signifie “cercle, centre, unité”, tire son origine des traditions religieuses hindouistes et bouddhistes. Mais dans son évocation profonde, le mandala, reflet de la plénitude du cosmos, demeure un des modèles fondamentaux d'organisation de la vie. »*

Déjà, Carl Gustav Jung, célèbre psychanalyste, s'était aperçu que des personnes qui traversaient des périodes difficiles dessinaient spontanément des ronds et des cercles. Aujourd'hui, chacun de nous peut acheter des beaux et grands cahiers à colorier juste pour se détendre.

Et, bonne nouvelle, pas besoin de savoir dessiner : il suffit d'ouvrir son âme et se laisser aller à ce que l'on ressent…

BIENFAITS

- Atteindre un équilibre et une forme d'harmonie.
- Se recentrer, se détendre, méditer…
- Entretenir sa créativité et son sens de l'esthétique (harmonie des couleurs).
- Se concentrer sur l'instant présent ou choisir d'être hors du temps !
- Lutter contre le stress.
- Prendre conscience…

La liste des trois soleils : les « moments bonheur »

Comment passer une meilleure journée en listant les petits moments de plaisir qui vont suivre ? Faites-vous la promesse de vous accorder un certain nombre de petits (ou grands) plaisirs

* *Mandalas, œuvres de Blanche Paquette, textes de Jean-François Malherbe,* Fides, 2006.

comme des petits soleils qui vont illuminer votre journée et qui vont vous réconforter, que vous passiez votre temps au travail, avec vos enfants, à la recherche d'un travail ou de nouveaux clients.

La marche à suivre ? Regardez votre planning du jour et entourez trois choses qui vont *assurément* vous faire plaisir : un déjeuner avec un ami, un nouveau projet à lancer avec l'un de vos collègue, un nouveau déplacement... Soyez inventif et généreux avec vous-même, profitez-en !
Rajoutez ce qui pourrait *aussi* vous faire plaisir : *J'adore boire mon chocolat chaud du matin. Ce soir, je me prépare un bon moment de détente avec bain moussant et livre préféré. Je me cuisine un bon tartare de saumon aux herbes. J'écris une heure de plus que d'ordinaire. Je regarde la nouvelle saison de ma série préférée...* L'idée, c'est d'inscrire dans votre journal de bord au moins trois moments bonheur de la journée. La seule évocation de ces moments de plaisir renforcera votre état de bien-être ! À user et en abuser !

« La finalité n'est pas seulement de savoir que telle activité nous fait plaisir mais de comprendre qu'elle fait partie intégrante de notre personne, et qu'il est donc essentiel de lui consacrer du temps », explique Christophe André *dans Vivre heureux. Psychologie du Bonheur*[*].

* Odile Jacob, 2004.

BIENFAITS

- Prendre conscience qu'1 plaisir + 1 plaisir + 1 plaisir = le bonheur au quotidien !
- Transformer, mieux supporter les plannings – *a priori* – sans plaisir.
- Apprendre à cultiver les petits bonheurs du quotidien.
- Avoir une vision claire de ce qui nous fait du bien, chaque jour.
- Prendre du plaisir en acompte !
- Cultiver la *positive attitude.*

> « *Soyez inventif et généreux avec vous-même !* »

SACHEZ MIEUX QUI VOUS ÊTES : CONNAISSANCE DE SOI

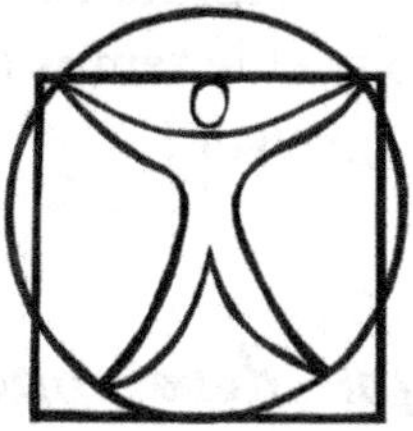

#ConnaissanceDeSoi

Vous avez besoin de faire le point et de vous donner de nouvelles clefs pour avancer ? Il suffit de lire et de faire des exercices de développement personnel pour mieux identifier la direction que vous souhaitez donner à votre vie, apprendre à mieux vous connaître, et à mieux distinguer et utiliser vos ressources pour atteindre vos objectifs. Et devenir petit à petit le vrai capitaine de votre navire !

Pratiquer l'*auto-coaching* est un excellent moyen d'avancer, de nous rendre compte de notre potentiel et des ressources que l'on a en nous. Pour cela, il faut dénicher les bons outils et les exercices adaptés.

On peut trouver des exercices issus de techniques de *coaching* sur Internet ou dans des livres, comme tous ces petits cahiers faciles et ludiques que l'on trouve au rayon développement personnel des librairies.

De nombreux ouvrages (dont celui que vous tenez entre les mains !) vous donneront des pistes et des clefs de compréhension, de motivation et de mise en marche de certaines mécaniques de développement personnel. L'*auto-coaching* relève avant tout de la discipline et de la volonté que vous puiserez en vous-même… et le temps du petit matin est idéal pour cela ! Vous allez y arriver !

Côté librairie, rayon développement personnel

ALERTE AUX PRÉJUGÉS ! Un livre de développement personnel n'est pas le manifeste d'un illuminé, l'ultime leçon d'un grand gourou ou d'un leader exceptionnel ! Au contraire, c'est, le plus souvent, le partage bienveillant d'expériences, de connaissances butinées un peu partout par un(e) curieux(se) (comme moi !), ou d'analyses et de témoignages expérimentés de professionnels très spécialisés : psychiatres, psychologues, *coachs*, etc. Et ça aide ! Parce que « le développement personnel est la pratique consciente consistant à s'améliorer, grandir, bref se développer, dans les domaines de la vie qui nous importent afin de devenir plus libre et plus heureux »*.

* Olivier Roland, « Développement personnel : quatre livres indispensables », www.des-livres-pour-changer-de-vie.fr, juillet 2014.

Il en existe sur quasiment TOUS les sujets : le sommeil, le bonheur, la confiance en soi, la timidité, la gentillesse, la psychologie positive, la prise de parole, les peurs, la culpabilité, l'infidélité, la communication non violente, le pouvoir du moment présent, la prise des bonnes décisions...

Ces livres sont le moyen idéal de vous remettre en question, de vous recentrer, de vous donner les méthodes pour vous défier, de vous grandir ou simplement d'éveiller votre curiosité sur des sujets nouveaux. En un mot : développement !

Lire dix pages de développement personnel chaque matin, c'est vous accorder un vrai temps pour mieux vous comprendre, construire vos rêves sur de bonnes bases de conscience de soi… comme le troisième petit cochon avec sa maison faite de briques et de ciment. Quelle aventure passionnante de vivre cela au quotidien !

BIENFAITS

- Travailler sur soi et s'aider à changer, évoluer, se libérer.
- S'aider à ne plus penser en « victime » et devenir de plus en plus 100 % responsable.
- Cultiver son être, sa pensée, son corps, son cœur, son esprit.
- Enrichir sa culture générale.
- Améliorer sa vie et devenir plus HEUREUX !

Le travail sur soi offre tellement de pistes et d'outils pour chacun de nous qu'il est bien évidemment difficile de savoir ce qu'il vous faut, là, ici et maintenant. D'autant que je suis ni gourou ni voyante. Mais, par expérience, je sais ce que c'est que de se sentir prise dans une pelote de laine lorsque l'on a des nœuds dans la tête, dans la gorge ou dans le ventre, que l'on n'arrive pas vraiment à dépasser. Bien sûr, nous pourrions aller voir un psy, mais ce n'est pas une solution adaptée à tous, alors, comment s'aider tout seul à « se dénouer » ? Comment s'aider à y voir plus clair, et sortir petit à petit de cet enchevêtrement d'angoisses, de freins ou de blocages ? Il faut trouver le bon lien et tirer délicatement sur le fil...

J'ai sélectionné trois exercices qui, pour moi, ont été CAPITAUX et un vrai début de « quelque chose ». Ce « quelque chose » qui a abouti sur des prises de décisions et des nouveaux choix de vie et qui me permet de clamer haut et fort aujourd'hui : *I'm HAPPY!*

Déjà, commençons par la fin… enfin, plus exactement par le début.

Connaissez-vous les dix plus gros regrets que les personnes en fin de vie expriment avant de partir ? C'est une infirmière australienne en soins palliatifs, Bronnie Ware, qui a eu l'idée de s'intéresser aux paroles des mourants. « J'ai décidé d'interroger les gens sur leur lit de mort pour mettre en lumière leur conscience de la vie. » Dans son livre *Les 5 Regrets des personnes en fin de vie**, on apprend que les cinq regrets majeurs sont :

1. J'aurais aimé avoir le courage de vivre comme je voulais, et pas de vivre la vie que l'on attendait de moi.
2. Je regrette d'avoir travaillé si dur.
3. J'aurais voulu avoir le courage d'exprimer mes sentiments.
4. Je regrette de n'être pas resté en contact avec mes amis.
5. J'aurais aimé m'autoriser à être plus heureux.

* Guy Trédaniel, 2013.

Alors pour nous éviter de nous retrouver un jour dans ce fameux top 5, commençons par trois exercices faciles :
- faire sa liste des regrets ;
- écrire la liste de ses 100 envies ;
- écrire sa *story-telling* de vie idéale sur cinq, dix ou vingt ans.

La liste des regrets

Ce n'est pas forcément le plus agréable des exercices mais pour avancer, il faut parfois se secouer ! Allez, installez-vous un dimanche matin tranquillement, prenez un petit carnet ou une simple feuille de papier, faites trois colonnes : une première marquée « Regrets » et deux petites colonnes « Fait » et « Pas encore fait ». Allez fouiller dans votre passé, et écrivez vos cinq principaux regrets – ou plus si vous le sentez !

Il est important de différencier les regrets pour des choses que l'on a déjà faites (une dispute, une orientation professionnelle, un engagement amoureux, un comportement déplacé, un mauvais choix comme avoir appris l'allemand alors que l'on rêvait d'apprendre le chinois…) et les regrets pour les choses que l'on aurait aimé faire, mais que l'on n'a pas encore faites (un voyage, un engagement dans une association humanitaire, écrire une lettre impliquante, choisir une nouvelle orientation professionnelle, apprendre à jouer d'un instrument de musique…) Vous voyez où je veux en venir ?

Dans une colonne, tout est déjà joué... dans l'autre, ça reste à jouer et à faire ! Ça OUVRE sur « ce n'est pas trop tard » et le « tout est possible » !

La liste de vos 100 envies

Profitez de cette « ouverture » pour écrire la liste des 100 « choses » que vous aimeriez faire dans la vie. Jouissif, non ? Allez-y ! Pour ma part, j'en ai déjà identifié 67… et déjà réalisé certaines…

- nager avec des dauphins ;
- ~~écrire un livre ;~~
- ~~courir des semi-marathons ;~~
- apprendre le chinois ;
- faire une retraite ayurvédique avec ma fille dans le Kerala (en Inde) ;
- aller voir la banquise avec mon fils ;
- redécorer notre appartement ;
- ~~faire notre propre pain dans une machine à pain ;~~
- passer un week-end en amoureux à Copenhague…

Votre story-telling de vie idéale

… sur cinq, dix ou vingt ans !

J'ai adoré écrire ma vie idéale sur les pages d'un petit cahier bleu. Ce travail de projection dans le futur tel que je le rêve, a totalement révolutionné mon présent, en mettant en évidence ce qui était important pour moi : et ce n'est pas si facile de le savoir ! Le travail de projection, débridé de toutes limites et de certaines de nos croyances, aide particulièrement à se lâcher et à donner le cap encore une fois ! Au-delà d'une certaine confusion, écrire votre vie rêvée vous guide sur ce que vous voulez vraiment vivre et, bonus, cela permet également de voir quelles stratégies de vie gagnantes vous possédez déjà au fond de vous sans en avoir conscience. Plaisant de constater que l'on a déjà tout en soi ! « Yaka ! »

À quoi ressemblera votre vie quand vous aurez :
30 ans ? Exemples : *je me vois encore célibataire. J'habite dans le même appartement qu'aujourd'hui. Mon job de* consulting *n'est pas encore un job international…*

35 ans ? *Je suis en couple dans un nouvel appartement. J'ai déjà accédé à la direction d'un département. Je voyage beaucoup.*

40 ans... 50 ans… 65 ans… ? *Avec mon(ma) conjoint(e), nous vivons six mois de l'année en France et six mois en Asie. Nous prenons plaisir à accueillir nos petits-enfants. Mon(ma) conjoint(e) gère un nouveau petit business sur place, et moi j'ai pris l'habitude d'écrire un livre par an depuis dix ans…*
Etc.

BIENFAITS

- Prendre contact avec ses stratégies conscientes et inconscientes.
- Y voir plus clair : sur soi, ses envies, ses peurs, ses objectifs, sa direction de vie…
- Aider à tenir le cap de ses rêves.
- Développer la confiance et l'optimisme envers soi et la vie.
- Augmenter sa satisfaction et sa joie de vivre et d'entreprendre !

Proches de l'idée de « bottes secrètes », les trois autres techniques qui vont suivre aident vraiment à nous renforcer et nous maintenir dans la confiance que nous avons en nous- mêmes, et celle de la réussite de nos objectifs. Bien droit dans nos bottes, pieds bien ancrés dans la terre, menton relevé, hop, on a confiance et on avance !

Devise ou mantra personnel

Oyez, oyez ! Les garçons, chevaliers de l'aurore, les filles, amazones du petit matin, pour faire face aux défis qui nous attendent chaque jour, il est temps de nous trouver un blason et de nous armer d'une devise ! Vous savez, cette petite phrase en laquelle on croit, qui nous résume, nous porte, nous meut, nous fait vibrer, qui exprime nos valeurs, notre vérité et que l'on peut répéter autant de fois que l'on souhaite quand nous en avons besoin de nous *rebooster* en cas de baisse de forme… Une formule magique en somme.

Comment la trouver ? Elle peut être issue de votre créativité, ou trouvée dans un livre, reprise de quelqu'un d'autre qui vous inspire… Un autre bon moyen est également d'imaginer quel pourrait être le titre de votre biographie ou de votre légende personnelle. Le côté pratique, c'est que si vous changez, votre devise change avec vous, comme un vêtement élasthanne.

Quand l'utiliser ? Dès le réveil quand on ouvre les yeux et qu'on se dit bonjour à soi-même avant de se lever, ou encore lorsque nous avons besoin de nous stimuler, de nous encourager avant un rendez-vous important, une activité nouvelle, une présentation devant des collègues, un groupe de travail, une conférence en public, un examen médical, une compétition sportive, etc.

QUELQUES DEVISES CÉLÈBRES

SARAH BERNARD
« Quand même ! »

CATHERINE II DE RUSSIE
Nulla dies sine linea : « Pas un jour sans tracer une ligne. »

DUCS D'ORLÉANS
« Qui s'y frotte s'y pique. »

VICTOR HUGO
« Je veux être Chateaubriand ou rien », Victor Hugo dès 14 ans. Puis « Ego Hugo, moi Hugo » (Bon, certes un peu orgueilleux... mais Victor Hugo quand même !)

MON HOMME
« À la fin, on gagne ! »

MOI...
« Il faut toujours avancer dans la vie, on n'a pas le choix ! »

... ET MA PETITE MAMAN
« Qui ne tente rien n'a rien ! »

Puis, dans mes interviews :

BENOÎT
Carpe diem : « Profite du jour. »

DOMINIQUE
« Une journée sans sourire, c'est une journée perdue ! »

ÉMILIE
« Ce qui ne me tue pas me rend plus forte. »

ALAIN
« Il n'y a pas de liberté sans risques, sans sacrifices, sans aventures. »

SOPHIE
« S'il n'y a pas de solution, c'est qu'il n'y a pas de problème. »

ALEXIS
« Il ne faut pas attendre d'être parfait pour commencer quelque chose de bien. »

Enfin, des devises de villes ou de pays :

COURCOURONNES (AU HASARD !)
« Seul on va plus vite, ensemble on va plus loin. »

PARIS
Fluctuat nec mergitur : « Il est agité par les flots et il ne sombre pas. »

PAPOUASIE-NOUVELLE-GUINÉE
« Unis dans la diversité. »

CANADA
From sea to sea : « D'un océan à l'autre. »

CHINE
« Compter sur ses propres forces. »

FRANCE
Et notre devise nationale : « Liberté, égalité, fraternité. »
Etc.

BIENFAITS

- S'accompagner et se renforcer dans ses actions.
- Se donner une énergie nouvelle.
- Se donner un encouragement interne.
- Garder les yeux sur le cap suivi.
- Avoir une phrase « magique » personnelle pour faire résonner ses croyances.
- S'amuser ! Construire sa légende personnelle avec une pincée d'autodérision.

Dream-mapping ou vision board

À vos ciseaux, vos dessins, vos photos et vos rêves !
Un tableau de visualisation ou un tableau des rêves est une composition « faite maison » d'images, de photos, de dessins, de mots-clefs, de phrases inspirantes, de devises, d'affirmation de nos objectifs, etc. Le but du jeu ? Inscrire nos rêves dans une réalité, tellement réelle que nous pouvons même la voir tous les jours. Elle est sous nos yeux ! Très facile et rapide ensuite de rester en contact avec elle chaque jour afin de nous aider à garder le cap en permanence !*

Alors ouvrez votre cœur et autorisez-vous à rêver à nouveau sur votre vie, vos amours, vos projets…

BIENFAITS

- Avoir une représentation visuelle concrète (et parfois très artistique !) de nos objectifs.

* Pour savoir concrètement comment s'y prendre :
http://fr.wikihow.com/faire-un-tableau-de-visualisation-(Vision-board)

- Stimuler notre imaginaire.
- Aider à identifier et synthétiser nos rêves.
- Aider à rester « focus » sur eux.
- Préparer leur réalisation par la visualisation.
- Bref, un outil ludique pour rêver sa vie… et pouvoir vivre ses rêves !

La « V Attitude » : le « V » de la Victoire

Que c'est bon d'occuper tout l'espace ! La « V Attitude » est une posture comportementale qui nous fait sentir plus « puissant ». On savait déjà que notre esprit avait un impact sur notre corps, mais notre corps a, inversement, également un impact sur notre esprit. Quand nous nous faisons « grands », les bras levés comme un arbre tendu vers le ciel, que nous prenons une pause de pouvoir comme nos amis les animaux le font pour marquer leur force, de la même façon, nous indiquons à notre esprit que nous le sommes ! « Ne faites pas semblant jusqu'à ce que vous le fassiez, faites semblant jusqu'à vous le deveniez… vous voyez la différence ?… : faites-le assez jusqu'à le devenir et l'intérioriser. »* C'est Amy Cuddy, psychologue sociale de l'université de Princeton, qui le dit dans sa conférence TED sur le langage du corps, ou comment « les poses de pouvoir » pourraient avoir un effet sur nos chances de succès.

---

* Amy Cuddy, « Votre langage corporel forge qui vous êtes », conférence TED : http://www.ted.com/talks/amy_cuddy_your_body_language_shapes_who_you_are?language=fr#t-281784

BIENFAITS

La « V Attitude » :

- aide à configurer notre cerveau pour faire face à une situation ;
- mobilise nos forces ;
- fait vibrer notre capacité de dépassement ;
- nous connecte à notre fierté.

BOOSTEZ VOTRE SAVOIR

#Savoir

Pour servir un objectif particulier ou pour le plaisir, vous souhaitez vous ouvrir au savoir, nourrir votre curiosité et aller à la conquête de nouvelles connaissances. Pour cela, le Web et nos chers smartphones sont une source inépuisable de savoirs et de véritables universités ambulantes au bout de nos doigts ! Pourquoi s'en priver ?

Les conférences TED

Les conférences TED ou TEDx – acronyme de *Technology, Entertainment and Design* –, organisées par la fondation à but non lucratif The Sapling Foundation, sont considérées comme les meilleures conférences au monde et les plus suivies.

Leur credo : promouvoir des « idées qui méritent d'être partagées ». Les conférences abordent des sujets très variés : sciences, culture, développement personnel, entreprise, technologie, politique, art, etc.

Les *speakers* sont souvent des leaders d'opinion dans leur domaine ou des personnes ayant une expérience, une initiative, une idée toute particulière à nous faire partager… pour changer le monde et le rendre meilleur. Les conférences TED ont lieu dans le monde entier, mais vous savez le plus beau ? Elles sont gratuites, disponibles intégralement et traduites dans plus de cinquante langues différentes ! Inscrivez la thématique qui vous intéresse dans la barre de recherche et vous trouverez forcément le *TED talk* qui vous en apprendra plus sur le sujet. La durée de chaque conférence est limitée à 18 minutes, idéal donc au petit-déjeuner entre deux tartines et un bon café, pendant le temps de notre préparation matinale, ou dans le métro sur le chemin du travail…

Alors : prêt à changer le monde, votre monde, top chrono en 18 minutes maximum ?

BIENFAITS

L'intérêt de la démarche ?

- Elle place facilement l'esprit dans une dynamique d'apprentissage.
- Elle nous permet d'approfondir des sujets qui nous intéressent.
- Elle donne de nouvelles clefs de compréhension du monde et de l'humain dans tous les domaines possibles.
- Et donne des idées et des connaissances sur les enjeux sociétaux mondiaux et les différentes visions de l'avenir.

APP ET RESSOURCES

Application pour smartphones : **TED.**

Et sur Internet : www.ted.com, avec des déclinaisons par ville (www.tedxparis.com, www.tedxvaugirardroad.com, http://www.tedxlyon.com…).

Les podcasts

Un podcast est tout simplement un contenu multimédia audio ou vidéo, à écouter ou à regarder quand on veut, où l'on veut ! Ce n'est pas un hasard, les podcasts sont de plus en plus employés dans les milieux universitaires. Ils sont un excellent moyen pour élargir sa compréhension d'un sujet ou compléter ses connaissances.

Tout comme les conférences TED, il existe des podcasts sur à peu près tous les sujets. Les plus grandes radios comme la Maison de la Radio offrent des podcasts à l'infini : France Culture, France Inter… sur des thématiques d'histoire, politique, philosophie, art, géopolitique, économie, sciences, musique, religion, technologie, etc.

Personnellement, j'en suis fan, et comme j'adore les biographies, à chaque petit trajet de métro, hop, mon podcast préféré dans les oreilles, « Une vie une œuvre » (France Culture), et le temps devient utile et magique !

BIENFAITS

- L'information et la connaissance à la carte, où et quand vous le souhaitez.
- La possibilité de cumuler son écoute avec une autre activité : les embouteillages, la salle d'attente de votre médecin généraliste ou la préparation du dîner.

RESSOURCE

À l'heure actuelle, **iTunes®** reste le principal fournisseur de podcasts. Allez dans l'Apple Store, rubrique « Podcasts ».

Les MOOCs

« Petit à petit, ils ont fait leur nid. Les MOOCs (*Massive Open Online Course*), les cours en ligne gratuits et ouverts à tous ont réussi à s'imposer… »*

Les MOOCs sont des cours donnés par des grands professeurs qu'ils soient de Harvard, de Yale, mais aussi de Polytechnique, du CNAM, de l'ENS Lyon, des Arts et Métiers, de Centrale, etc., qui s'adressent à tout le monde : entrepreneur, salarié, demandeur d'emploi, retraité, étudiant… Leur objectif est noble : permettre au plus grand nombre d'accéder au savoir.

RESSOURCES
Où trouver son MOOC ? Sur des plateformes comme **OpenClassrooms** (https://openclassrooms.com), **Classcentral** (www.class-central.com), **Coursera** (https//fr.coursera.org), **edX** (www.edx.org), **Udacity FutureLearn** (www.futurelearn.com/courses) ou encore **Fun / France Université Numérique** (www.fun-mooc.fr).

Apprendre une nouvelle langue : vive le e-learning !

Si apprendre une nouvelle langue ouvre déjà la porte à des opportunités professionnelles, c'est aussi une passerelle humaine et intellectuelle vers une nouvelle culture, de nouveau(x) pays, de nouvelles rencontres et un nouveau regard sur le monde. C'est aussi une judicieuse façon de préparer un futur changement :

* Delphine Bancaud, « Quels sont les secrets des MOOCs qui cartonnent ? », www.20minutes.fr, 2 décembre 2015.

un déménagement, une mutation à l'étranger, une rencontre avec un(e) expatrié(e) ou un beau voyage à venir…

L'apprentissage d'une nouvelle langue est un exercice particulièrement utile pour votre cerveau : cela repousse les limites de vos capacités cognitives et communicatives.

À vous de choisir vos enjeux : il n'y a que du bon à en tirer !

BIENFAITS

- Étoffer ou acquérir de nouvelles compétences.
- S'enrichir culturellement.
- Servir un intérêt professionnel non négligeable.
- Stimuler l'entraînement cérébral.

Développez une nouvelle compétence

Vous voulez apprendre à bricoler, à danser, à mieux communiquer, à mieux vous alimenter, à jouer de la guitare ? Rien n'est impossible !

Bien sûr, vous ne serez pas forcément le prochain Michael Jackson ou la future Aurélie Dupont, mais apprendre, c'est aussi apprendre sur soi, repousser ses limites, connaître ses ressources, et se faire plaisir ! Après tout, nul besoin d'être un chef étoilé pour se faire plaisir en cuisinant !

BIENFAITS

- Se doter d'une nouvelle compétence.
- Donner à son cerveau une vraie cure de jouvence.
- Faire connaissance avec soi-même et se découvrir des capacités insoupçonnées.
- Apprendre à repousser ses limites.
- Se faire plaisir avant tout !

RESSOURCES

Vous pouvez combiner un **cours** près de chez vous, adapté à votre budget, et jouer l'autodidacte à grand renfort de lectures, de podcasts et de tutoriels **YouTube®** !

SE FAIRE UNE RAPIDE CULTURE GÉNÉRALE

www.kartable.fr ou application Kartable : la première plateforme d'apprentissage et de révisions scolaires complète et gratuite. Toutes les matières, réexposées et développées, avec quiz final. Pour tous les âges ! (Kartable est strictement conforme aux programmes officiels de l'Éducation nationale.) Idéal pour nous remettre en tête les grandes notions de nos bons vieux cours du collège ou du lycée, réactualiser nos connaissances et notre culture générale.

> *Et on ne sait jamais, vous êtes peut-être à l'aube d'une vocation...*

DEVENEZ PRO DE L'ORGANISATION

#Orga

Tic-tac, tic-tac… Le temps est une denrée rare. Combien sommes-nous à rêver d'une vingt-cinquième heure ? Entre nous, je ne suis pas la femme la mieux organisée au monde, mais il y a une recette toute simple que j'ai apprise, celle de considérer un projet ou une journée de la même manière que la préparation d'un gâteau au chocolat ! Tout le monde sait que pour cuisiner, nous devons déjà identifier les « groupes » de tâches, et éventuellement leurs sous-tâches :

Dans l'ordre, il nous faut :
1. Lire la recette : il faut donc trouver un bon livre de recettes ou un bon site Internet.
2. Réunir les ingrédients : soit vous avez déjà tout dans vos placards, soit vous devez aller faire des courses = se dégager du temps.

3. Préparer, c'est-à-dire battre les œufs, etc.
4. Puis cuire le gâteau.

Soit quatre groupes de tâches au total si tout va pour le mieux, et des sous-tâches si vous devez sortir acheter les quatre œufs qui vous manquent, ou déléguer à votre fille, etc.

Et bien, savoir organiser ses objectifs avec une bonne vieille méthode de gestion de projet, c'est exactement la même chose !

Deux choses supplémentaires à avoir en tête pour bien gérer, prioriser et planifier :
- **la différence entre « importance » et « urgence » :** « important » est ce compte et qui importe ; « urgent » est ce qui est pressant et qui ne permet aucun retard ;
- **le « sens » de ce que l'on fait**… en lien avec nos valeurs.

3 choses par jour

Leo Babauta, vous connaissez ? Il est l'auteur du livre *L'art d'aller à l'essentiel** et nous donne un très bon moyen pour garder le cap sur nos objectifs : la liste de vos objectifs sous les yeux, analysez les tâches que vous avez à faire dans la journée – vous vous souvenez : précises, quantifiables, mesurables…

Définissez les trois tâches prioritaires de la journée. L'une d'entre elles doit être en lien direct avec votre objectif principal. Elle vient en haut de l'échelle en termes d'importance !

---

* Chez le même éditeur : Leduc.s, 2009.

L'idée est ensuite de la réaliser en premier, comme la fameuse stratégie du petit écureuil… Ce qui est fait n'est plus à faire ! Et 1 pas + 1 pas + 1 pas vers son objectif = sa réalisation !

Comment procéder ? Chaque matin, regardez votre agenda. Faites un point sur vos rendez-vous, vos obligations, et votre liste des tâches à accomplir dans la journée. Colorisez les trois tâches que vous devez impérativement réaliser le jour même et faites en premier celle qui est la plus importante pour vous ! Cela rejoint l'histoire des gros cailloux. Et pas d'excuse, quoi qu'il puisse se passer dans la journée, pneu crevé, train en retard ou mal de gorge, il faut au moins assurer ces trois choses-là !

Et, jour après jour, vous savourerez de vous rapprocher de l'objectif visé.

Le camembert du temps

Pour bien réfléchir à la façon dont vous utilisez votre temps !

Prenez une feuille A4, dessinez un grand rond et découpez-le comme si vous deviez le diviser en plusieurs portions de camembert. Chacune des portions doit représenter de manière proportionnelle le temps occupé dans votre vie par votre couple, vos enfants, votre travail, vos loisirs, le sport, vos amis… Regardez si les proportions vous satisfont. Sinon, redessinez un nouveau camembert, et appliquez la répartition idéale de votre temps avec vos activités « prioritaires ».

LA LOI DE PARETO POUR OPTIMISER VOTRE GESTION DU TEMPS

En quelques mots, cette loi indique que 80 % des résultats devraient être produits par 20 % de nos actions. Après, le but du jeu est d'identifier quelles sont les 20 % d'actions les plus efficaces...
Comment faire ? Tout simplement en supprimant les fameuses tâches « non productives », comme passer une heure par jour à regarder la télévision, surfer sur le Net sans but précis, ou bien utiliser votre voiture au lieu de prendre les transports en commun pour pouvoir lire, écrire, travailler sur votre projet personnel...

Vous avez du mal à choisir vos routines selon vos goûts et attraits ? Pas toujours facile en effet. Découvrez dans la partie qui suit nos programmes qui proposent des « menus entrée-plat-dessert » pensés rien que pour vous ! Que vous soyez maman, auto-entrepreneur ou senior, salarié, étudiant ou demandeur d'emploi, vous trouverez forcément celui qui vous correspond. Rien ne vous empêchera par la suite de revenir aux routines « à la carte » pour personnaliser davantage vos matins !

LES PROGRAMMES « ASSORTIMENT »

#ProgrammesRPM

Quelques exemples personnels

En décidant de ma propre programmation, en me concentrant tous les jours sur ce que je voulais pour moi et sur mes objectifs, les routines sont devenues au fil du temps mes meilleures amies, mes petites fées, « mon cadre », mes tuteurs, mes appuis. Chaque jour, elles me donnent la sensation de « me tenir debout » bien droite, tant physiquement que spirituellement, Plus de frustration, plus de sentiment d'impuissance. Je vais à la source, et je ME donne ce dont j'ai besoin sans attendre que l'extérieur vienne me remplir, c'est comme devenir son propre groupe électrogène ! C'est changer de rapport au monde et se tourner vers cette « abondance » dont parlent tant les livres de développement personnel comme ceux de Deepak Chopra* qui me touchent beaucoup. Tout est là, en nous, sous nos yeux et dans nos mains. « Yaka ! »

* *Le corps quantique. Le fabuleux pouvoir de guérison de votre esprit*, J'ai lu, 2009.

Le seul verbe d'action à retenir, c'est SE DONNER un moment à soi pour se faire plaisir. SE DONNER les moyens de réussir sa vie à tous les niveaux ! Et les routines sont LA CLEF vers cette réussite complète. Elles sont un acte de générosité et de soin envers soi-même : le minimum syndical du bonheur à se donner chaque jour !

Voici le programme de routines prodigieuses que je me suis concocté :

MON PROGRAMME PERSO EN 80 MINUTES

❶ Réveil du corps	*Running* ou *fitness*	**20** minutes
❷ Éveil des émotions	Écriture	**45** minutes
❸ Affirmation	Visualisation *to-do list* bonheurs	**10** minutes
❹ Silence	Méditation	**5** minutes

Avant tout, je commence par allumer une bougie pour dire bonjour au monde, remercier, et faire un cadeau de lumière à la vie. J'ouvre les fenêtres afin de faire entrer un air nouveau et frais dans la maison, grande régénérescence, puis je parfume d'un bâton d'encens. En fait, de la même manière que je peux prendre du temps pour « me faire belle » je pouponne la maison pour la faire, elle aussi, jolie et accueillante. Je crée une ambiance, plus exactement, NOUS créons une ambiance, parce que mon homme est aussi très coquet et aime tout autant que moi prendre soin de la maison… si ce n'est plus !

Donc, une petite bougie allumée, un demi-citron pressé (bio, autant aller jusqu'au bout de la logique de soin avec soi-même : nous le valons bien !) avec de l'eau chaude pour démarrer, dépurer et stimuler le système immunitaire, et hop, enclenchement de mes routines, sur 80 minutes :

① **Réveil du corps – 20 minutes.** Je commence par une pratique de réveil et de tonicité du corps avec un petit *running de* 20 minutes (quand il ne pleut pas !). Sinon, je fais 7 minutes de *fitness* avec mon *coach* personnel, l'application 7 Minutes Workout. Enchaînement de pompes, gainage, renforcement musculaire, abdos, etc. 7 minutes, ce n'est pas grand-chose en soi, mais, là aussi, fait régulièrement, ça change tout ! C'est mon rendez-vous forme.

② **Éveil des émotions – 45 minutes.** Après le *run* ou le *fitness*, j'enchaîne avec environ 45 minutes d'écriture avec une bonne tasse de thé (au lait de chèvre, si si !). Clairement, ici, c'est mon rendez-vous plaisir et nécessité. Des petits mots qui s'alignent pour former des phrases horizontales sur la page blanche de mon ordinateur comme une colonie de petites fourmis à la queue leu leu. Une expérience grisante que j'adore retrouver chaque matin ! Des petits pas vers mon grand rêve.

③ **Affirmation – 10 minutes.** Je poursuis avec un moment de visualisation d'atteinte de mes objectifs et la lecture de ma *private to-do list* des trois « rendez-vous bonheur » prévus dans la journée. Cela peut être un déjeuner avec mon amie Anna (qui a arrêté les régimes !), un petit moment Skype™ avec ma fille (qui habite au Canada, il faut donc un peu prévoir nos moments...), des petites courses de légumes frais pour le dîner avec mon homme, une plage téléphonique avec mon fils, un temps de visionnage d'une conférence TED qui m'intéresse, l'écoute d'un podcast, une petite manucure rapide, etc.

④ **Silence – 5 minutes.** Enfin, je termine par quelques minutes de méditation pour bien me poser l'esprit, me recentrer sur une intention spirituelle, un *closing*, une forme de dernier « merci » adressé au monde, avec une dernière visualisation style *spray* de lumière diffusé tout autour de moi, en regardant la petite flamme de la bougie, puis, une grande inspiration, un sourire, et je me prépare pour sortir dans le tourbillon du quotidien.

De retour d'une semaine de recul au Sri Lanka, inspirée par l'idée d'un programme de routines, mon amie et associée Liz a installé le sien en modifiant quelques ingrédients, l'ordre, les durées. *Addict* au travail, ne comptant pas ses heures, sa grande décision – vraie nouveauté depuis sa pratique des routines matinales – est le fait de ne plus regarder ni SMS ni mails avant d'avoir pris ce nouveau temps pour elle. Droit à la DÉCONNEXION !

Voici son témoignage et sa recette prodigieuse customisée en une heure. Je lui donne la parole :

PROGRAMME DE LIZ EN 60 MINUTES

❶ Éveil des émotions	Écriture et/ou relaxation	**10** ou **20** minutes
❷ Réveil du corps	*Stretching* et *running* (sauf pluie)	**30** minutes
❸ Affirmation	« Se faire grande »	**5** minutes
❹ Silence	Relaxation	**5** minutes

① **Éveil des émotions – 10 ou 20 minutes.** Écriture – 10 minutes. C'est souvent au moment du réveil que je trouve les mots justes pour écrire un courrier personnel ou les premiers éléments de résolution d'un problème que je note dans mon ordinateur avant de les oublier ou de les perdre – en m'obligeant à ne pas ouvrir ma boîte mails. Les matins sans inspiration, je commence directement ma journée par la méditation, et je me lève pour aller chercher mon masque pour les yeux dans le congélateur.

ET/OU Relaxation – 10 minutes. Pour commencer la journée avec des pensées belles et positives et un *grande* sourire – *Liz est anglaise !* –, je retourne sous la couette avec mon masque de froid sur les yeux et je me concentre d'abord sur cette sensation. Puis je pose mon attention sur ma respiration. Ce moment, à la fois réveillée et dans le plus grand calme, me donne l'impression de faire la grasse mat' quelle que soit l'heure !

② **Réveil du corps – 30 minutes.** Réveil du corps avec des étirements de *stretching* pendant 10 minutes suivi de 20 minutes de jogging en extérieur (sauf quand il pleut !) Le fait de me retrouver dehors dans la ville réveille tous mes sens, et me donne la sensation de faire partie du monde !

③ **Affirmation – 5 minutes.** De retour à la maison, je reviens dans le monde connecté. (Jusqu'à ce temps-là, je n'ai regardé ni SMS, ni mails.) Je *stretche* en pensant à ce que je dois accomplir dans la journée. Puis, pendant 2 minutes, je me fais « GRANDE » c'est-à-dire que je fais de grands étirements vers le haut, vers le côté, vers l'arrière, rythmés par de grandes inspirations et expirations.

④ **Silence – 5 minutes.** Bouilloire en route, assise en tailleur dans le salon, je fais le vide, je prends de grandes respirations, *une* large sourire. La vie est belle et le petit-déjeuner m'attend !

Programme complet 60 minutes ou express 15 minutes

Mon programme et celui de Liz ont juste une valeur d'exemple de ce que vous pouvez faire.

À vous de jouer ! Soit vous êtes clair avec vos objectifs et bien connecté à vos « rêves » (rêve ici, veut dire objectif plus large, plus ambitieux que le court terme), soit pas vraiment, alors écoutez bien ce qui vous manque ou ce qui vous fait envie et intégrez-le dans vos routines prodigieuses.

Après avoir rencontré maints petits héros du quotidien, salariés, ouvriers, cadres, travailleurs indépendants, professions libérales, entrepreneurs, chômeurs, grands patrons, femmes au foyer, jeunes mamans, étudiants, retraités… pris l'avis de maints spécialistes médicaux, *coachs* de vie… et étudié maints articles, voici des propositions de programmes adaptés à votre profil et votre style de vie. Parce que, bien évidemment, avoir 30 ou 60 ans, ce n'est pas la même chose. Être maman d'enfants en bas âge ou d'adolescents, c'est radicalement différent. Être travailleur indépendant ou salarié dans une entreprise, cela renvoie à d'autres contraintes et besoins également !

Voici d'abord un premier programme pour tous, sur une heure vingt, avec une logique d'équilibre général à inscrire ou modifier selon vos goûts dans votre journal de bord.

PROGRAMME COMPLET 60 MINUTES

❶ Réveil du corps	Sport (*running*, vélo, yoga)	**20** minutes
❷ Éveil des émotions	Écriture (journal, projet, *to-do list*)	**25** minutes
❸ Affirmation	Visualisation *to-do list* bonheur / V Attitude	**10** minutes
❹ Silence	Méditation	**5** minutes

Un jour de *speed*, de baisse de forme ou de panne d'oreiller ? Voici en plus un programme express en 15 minutes !

PROGRAMME EXPRESS 15 MINUTES

❶ Réveil du corps	Sport (*fitness*, abdos)	**5** minutes
❷ Organisation et affirmation	3 choses *to-do* ou liste des 3 soleils	**5** minutes
❸ Silence	Méditation	**5** minutes

Spécial maman : forme et relaxation

DONNÉES : manque de temps et besoin de calme avant la tempête !
COMPOSITION : exercices spécial forme et relaxation avant le lever des enfants

Leslie Sawicka* est « femme, maman, entrepreneuse, un mari et trois enfants de 4, 8 et 12 ans ». Elle est la créatrice de la structure Mayane Group Media, spécialisée dans les domaines de l'enfant et de la parentalité dont le fameux Parole de Mamans, « premier réseau social des mamans et des parents ».

LESLIE, MAMAN ET ENTREPRENEUR

Images du matin : « Ce serait le soleil… Pour moi, le matin, c'est très important. Je ne suis pas superstitieuse, mais j'ai l'impression que quand le matin est bon, toute la journée va être bonne. La journée est conditionnée par ce que l'on vit le matin ! Si tu te fais mal, si tu ne retrouves plus ta brosse à dents, si tu te brûles avec le café, j'ai l'impression que toute la journée va être pourrie ! Et généralement, elle l'est ! "Y'a des matins comme ça !" J'aime bien regarder les signes du matin pour savoir à quoi ma journée va ressembler… Mais pour éviter tout ça, je fais en sorte de me lever du bon pied ! »

* Diplômée d'une école de commerce et après un début de carrière dans la finance, Leslie Sawicka se lance dans l'aventure de la puériculture 2.0 et créé son journal en ligne. Avec son magazine *Parole de mamans*, ses 400 000 visiteurs uniques par mois sur le site et le label éponyme de sa marque, cette jeune mère est devenue l'une des figures incontournables de la presse parentale. Retrouvez-la sur www.paroledemamans.com

Réveil : « Je me réveille une première fois à 5 h du matin. Tout le monde dort et, malheureusement, comme je suis une fille très connectée, dès le réveil je vérifie mes mails pour voir ce qui s'est passé pendant la nuit. Je commence ma journée professionnelle, et j'envoie mes premiers mails à mes équipes. Puis je ferme l'écran, et je pense à trois pensées positives. Trois belles choses, comme les trois soleils, les trois petits bonheurs de la journée. Cela peut être d'avoir vu une jolie image qui m'a fait plaisir, d'avoir rencontré quelqu'un par hasard, d'avoir reçu un appel, une blague, un sourire... Ce sont des choses qui me font du bien. J'essaie de chasser tout ce qui peut être négatif pour faire place à ces trois pensées positives. J'ai lu le livre *3 kifs par jour** de Florence Servan-Schreiber et j'ai beaucoup apprécié. Mais je ne les écris pas. À l'écrit, ça ne donne rien pour moi. J'aurais besoin d'en écrire des tartines et de tout expliquer ! Alors je prends mon oreiller dans les bras, je souris, je suis contente et je me rendors sur ces idées jusqu'à 7 h du matin. Après, ce sont les enfants qui me réveillent. Et là, c'est la course qui commence ! Malheureusement, pas de temps pour moi. Il faut les habiller, petit-déj'... J'essaye de les câliner mais on n'a pas vraiment le temps ! J'aurais vraiment besoin de rituels de vie plus sereins ! »
Son mari s'invite avec tendresse dans la conversation : « ...En plus, c'est une femme toute seule, tu sais ! Moi je ne fais rien ! Branleur, quoi ! Ce qu'elle ne dit pas, c'est que c'est moi qui les emmène à l'école, et que je lui prépare un petit café quand elle est encore allongée... »
Leslie sourit, des étoiles pleins les yeux pour son homme, et ils s'embrassent. Fin !

* Marabout, 2011.

On le déplore tous, rares sont les mamans, voire les parents, qui arrivent à prendre un vrai temps pour elles (eux) le matin… De nombreux messages sur la page Facebook® de Parole de mamans indiquent une heure de réveil entre 5 h 30 et 6 h 30 environ, et pour quelques heureuses élues, 20 à 30 minutes de temps pour elles avant le grand *rush*.

Un joli contre-exemple très inspirant : Delphine Plisson*, entrepreneuse, fondatrice de La Maison Plisson, nouveau *concept store* d'alimentation générale sur Paris ou, comme elle le dit, « grande halle alimentaire de produits naturels », un mari, quatre enfants : trois ados et un dernier de 6 ans.

DELPHINE, MAMAN ET ENTREPRENEUR

« Le matin, c'est mon moment préféré. Je me lève vers 5 h 30-6 h. La première chose que je fais ? Lancer une grande théière de Lapsang Souchong pour commencer à me mettre en mode réveil. Dans notre chambre, on a un vélo elliptique et, à tout de rôle, mon mari et moi faisons une séance pendant que l'autre reste dans le lit et bouquine en buvant du thé... C'est vraiment le moment où l'on papote, on fait le point, on se raconte ce que l'on a prévu... C'est vraiment un chouette moment d'échange pour nous deux. Ça dure un peu plus d'une heure, tranquillement...

Ensuite, on dresse la grande table du petit-déjeuner des enfants avec tout ce qu'il faut... C'est assez complet ; il y a toujours du thé, du lait, plusieurs pains grillés, du beurre, du miel, des confitures, du fromage (on aime le salé), de la charcuterie. Il y a aussi beaucoup de fruits : kiwis, clémentines... Du jus de fruit maison... des yaourts, des Granola... Quand il fait froid, on fait des porridges aux fruits secs que l'on fait cuire avec du jus de pomme et du lait. C'est vraiment le repas le plus riche, le plus important pour nous. On passe bien 20 minutes

* Delphine Plisson est une auto-entrepreneuse passionnée qui fit d'abord carrière dans la mode (directrice générale de Claudie Pierlot). Elle a inauguré en 2015 l'épicerie de ses rêves, La Maison Plisson. Ce marché grandiose réunit toutes les familles de produits alimentaires, une cave à vin et un restaurant, défendant des valeurs de naturalité, de goût et de qualité. Retrouvez La Maison Plisson sur www.lamaisonplisson.com et www.facebook.com/LaMaisonPlisson

tous ensemble à table avec de la musique classique, en fond... On est une famille normale !
Puis, c'est parti pour tout le monde ! »

Zen, soyons zen… Et si l'on s'inspirait de Delphine avec un petit programme express de routines avant le lever des enfants ?

PROGRAMME SPÉCIAL MAMAN 15 MINUTES

❶ Réveil du corps	Renforcement : 20 abdos	**5** minutes
❷ Affirmation	3 choses *to-do* ou liste des 3 soleils	**5** minutes
❸ Silence	Méditation et relaxation	**5** minutes

Chantal Jouanno

DOUZE FOIS CHAMPIONNE DE FRANCE DE KARATÉ, ANCIENNE MINISTRE DES SPORTS, VICE-PRÉSIDENTE DU CONSEIL RÉGIONAL D'ÎLE-DE-FRANCE, SÉNATRICE

Images du matin

Guerre matinale ! Réveiller trois enfants (des jumeaux de 9 ans et un troisième de 11 ans), entre l'un qui se prépare toujours dans les temps, l'autre qui râle et qui reste au lit, les faire s'habiller, préparer leur sac, etc.

Alouette ou chouette ?

Naturellement, je suis plutôt du matin. En été, je peux me lever très très tôt !

Réveil

En été, je me réveille à 6 h, voire avant, avec un réveil de luminothérapie qui offre une lumière très progressive durant 20 minutes, et en hiver, c'est plutôt 6 h 30. Mon réveil commence à 5 h 45, au premier rayon, je commence à ouvrir les yeux, mais je suis toujours sur le qui-vive, donc je suis réveillée bien avant... Le week-end, c'est à peu près systématiquement 6 h. Et après ? Je mets mes baskets et je vais courir !

.../

/...

Quelle motivation pour se lever ?

Le matin, je ne me pose absolument pas de questions : je saute du lit, c'est tout ! Je considère que la vie est tellement courte que perdre une minute au lit, c'est du temps perdu. Il faut se lever c'est tout ! Ma première motivation, c'est d'être opérationnelle, de vivre ma vie pleinement et de faire ce dont j'ai envie. Y compris et, surtout, du sport !

Routines

Deux routines en fonction des saisons :

L'été : *running* de 6 h à 7 h, puis mise en marche de la petite famille.

L'hiver :

- musculation le matin, et *running* le soir – c'est plus compliqué d'être opérationnelle le matin en hiver. Je fais des séances d'abdos. Avoir de bons abdominaux, c'est le cœur de tout ! Tout le reste suit !
- assouplissements. Je ne fais pas précisément de yoga, mais j'en reprends certains mouvements. C'est un complément absolument indispensable quand on vieillit...

Voilà, mes routines matinales sont sport et/ou enfants. Je n'ai absolument pas le temps de faire autre chose, et je suis déjà très contente de caser le sport ! .../

/...

Impact

Je ne me reconnais pas totalement dans la phrase qui consiste à dire que le monde appartient à ceux qui se lèvent tôt parce que je n'ai pas la prétention de posséder le monde. En revanche, c'est un privilège de réussir à se lever tôt. C'est pouvoir vivre sa vie encore plus que les autres et pouvoir faire plus de choses. Plus vous vous levez tard, plus ça devient compliqué de caser dans votre agenda le câlin au réveil des enfants, le livre que l'on veut lire, la course à pied... Le monde ne nous appartient pas mais on se le réapproprie ! Me lever tôt m'a permis de rééquilibrer ma vie. De faire en sorte que ma vie ne soit pas simplement la contrainte du réveil des enfants pour ensuite partir au travail. Ça m'a permis de caser un petit peu plus de choses dans mon quotidien. J'aurais aimé pouvoir, si j'avais encore plus de temps, y inclure un temps de « méditation ». Vous le faites quand vous courez : vous avez l'esprit libre et c'est un vrai temps de réflexion. Mais j'aurais voulu un temps seule, de vide où vous pouvez vous laisser aller et laisser votre esprit aller où il veut. En général, ça ouvre énormément de portes.

Spécial auto-entrepreneur, demandeur d'emploi ou étudiant : confiance et force

DONNÉES : insécurité, besoin de renforcement et de force mentale
COMPOSITION : activités de tonicité, d'organisation et d'affirmation

Lionel est auto-entrepreneur depuis peu : c'est une situation nouvelle pour lui. Au début, il a rencontré des difficultés, puis, petit à petit, il a trouvé ses repères et a installé des routines qui l'ont aidé à se sentir « dans le mouvement » ! Lionel fait partie du million de Français qui se sont lancés dans l'aventure de l'auto-entreprenariat. Mais, en marge du système du salariat, les auto-entrepreneurs ne sont pas les seuls à devoir trouver leur « cadre de survie »… Il y a aussi les cinq millions de demandeurs d'emploi*, les libéraux, les intermittents… Au total, ça fait beaucoup de monde !

Je connais bien cette situation, et depuis longtemps. J'ai dû dompter, et pour finir aimer, ce fameux chaos et ce « devoir » de résilience. Le tigre de Nietzsche secoue très fort parfois… Capitaine de notre emploi du temps et de nos ressources, nous ne pouvons laisser paraître aucune faille et devons faire bonne figure, taisant nos doutes, nos insécurités, nos peurs. Comment avancer fièrement, le menton haut, avec un large sourire à l'américaine (*Hi!*), alors qu'à l'intérieur, on tremble de ne pouvoir payer son loyer le mois prochain ?

---

* Capucine Trollion et Philippe Roy-Contancin, « Chômage : augmentation du nombre de demandeurs d'emploi en octobre », RTL Emploi, www.rtl.fr, 26 novembre 2015. La France métropolitaine compte 3 589 800 demandeurs d'emploi en catégorie A. Sur un an, cela correspond à une hausse de 3,7 %. Au total, sur les catégories A, B et C, Pôle Emploi compte 5 435 800 personnes sur ses listes. Une augmentation de 0,2 % par rapport au mois précédent.

Insécurité, isolement, stress, déni, repli sur soi, troubles du sommeil, fatigue physique ou morale, dépression… Toute une vie, celle « d'avant », disparaît et doit être entièrement reconstruite !

LIONEL, AUTO-ENTREPRENEUR

« Pour moi, il y a deux situations angoissantes par rapport au démarrage de la journée : c'est le chômage et la situation d'auto-entrepreneur ou de travailleur indépendant. Lorsque l'on doit créer son propre cadre, aller chercher de nouveaux contrats, il n'y a personne derrière nous pour nous pousser et nous dire : «Rendez-vous à telle heure pour finaliser le dossier X». Alors, comment sortir de l'impasse du chômage ou vivre correctement lorsque l'on est seul à monter sa boîte ? On doit se réinventer et construire ses propres règles.

Pour ma part, j'ai trouvé trois stratagèmes :

- le premier, c'est de suivre mon compagnon quand il part le matin parce qu'il est dans le "mouvement" de ceux qui travaillent. Je sors de la maison avec lui et vais faire du sport. Maintenant je le fais deux à trois fois par semaine. C'est l'une de mes routines de succès ;
- le deuxième, c'est de me fixer des rendez-vous à 8 h 30, pour "m'imposer" des contraintes tôt le matin. Pas un déjeuner, ni un dîner ou un *before*, mais un petit-déjeuner à telle heure et à tel endroit ! Juste pour m'aider à sortir de la maison et pouvoir me dire : "Je vais prendre un café pour un premier rendez-vous de travail avec X"… C'est une parade qui m'oblige à l'auto-discipline ! Et c'est dur de s'auto-discipliner…
- le troisième, c'est de sortir de la maison et d'aller travailler ailleurs dans un espace de *co-working*. C'est un petit investissement financier mais cela permet d'être dans un endroit de sociabilisation :

tu peux échanger avec les autres et te lier à un groupe de gens tous seuls, comme toi. Le *co-working* vient compenser un manque incroyable finalement : un patron qui te pousse et qui t'attend le matin !
Le matin, c'est ce qui génère notre dynamisme, le fait de se sentir performant et heureux dans ce que l'on fait. Et c'est vrai que le cadre que l'on se crée finit par générer du plaisir ! »

PROGRAMME COMPLET 60 MINUTES

❶ Réveil du corps	*Running*, vélo, *fitness*	**20** minutes
❷ Culture	1 conférence TED*	**15** minutes
❸ Affirmation	*V Attitude expanding* (3 choses *to-do*)	**10** minutes
❹ Silence	Méditation et visualisation	**15** minutes

* On ne s'en lasse pas ! *TED talk* « Langage du corps et affirmation de soi » d'Amy Cuddy : www.ted.com/talks/amy_cuddy_your_body_language_shapes_who_you_are?language=fr#t-266724

Benjamin Cardoso

FONDATEUR DE LA SOCIÉTÉ LECAB*

Images du matin

La tranquillité, le temps. Un endroit calme, serein, avec un univers zen, de montagnes ou une plaine avec une vue dégagée sur l'océan…

Alouette ou chouette ?

Je suis quelqu'un du matin. J'aime pouvoir me lever tôt naturellement, donc j'organise ma vie de sorte qu'elle me permette de me lever tôt facilement.

Réveil

Je me réveille à 6 h 30 avec un simulateur d'aube qui permet de simuler le réveil du soleil.

Quelle motivation pour se lever ?

Je ne sais pas si j'ai besoin de motivation pour me lever le matin… Je crois que ça fait partie de moi, de mon bien-être. Ma motivation serait le bien-être je crois, et le développement personnel… Je crois que le développement personnel, c'est être capable d'avoir plein d'activités, d'être à la fois passionné par son travail mais aussi par plein d'autres choses que celui-ci : avoir une vie familiale et amicale bien construite, une vie culturelle, des activités sportives… Et le fait de développer cette pluralité permet d'avoir

…/

* Créé en 2012, LeCab est leader des Véhicules de Transport avec Chauffeur (VTC), www.lecab.fr

/...

un équilibre. J'essaie de partager ma passion pour la méditation en interne, au bureau, avec des séances de méditation guidées avec un prof, et dans LeCab, j'ai aussi fait installer des méditations guidées ! C'est un programme de méditation que tout le monde peut déclencher et suivre pendant la course. On rentre dans la voiture, que l'on a conçue comme étant un espace de tranquillité, un cocon, et, entre deux rendez-vous, il est possible de profiter pendant 20 minutes de course pour lancer une méditation du matin ou du soir... Ou simplement quand on a un petit coup de stress : cela permet de fermer les yeux, de se concentrer sur sa respiration, de faire abstraction de ce qui vient de se passer pour être capable d'aborder le rendez-vous d'après, le défi d'après, plus sereinement. Ça a du sens pour nous.

Routines

Je commence avec :

- un verre d'eau chaude-citron. Ça permet de préparer l'intestin, de réveiller le corps ;
- une séance de méditation pendant 20 minutes que je fais à l'aide d'une application qui rythme la séance avec une sonnerie toutes les 7 minutes. J'enchaîne des exercices de respiration, de concentration, d'abstraction : je fais en sorte de ne penser à rien pendant 10 minutes. L'idée, c'est de pouvoir se recentrer, d'avoir du temps pour soi, de pouvoir préparer cette journée en étant distancé de tout stress. Ça permet de prendre de la hauteur et de commencer en toute tranquillité ;
- du sport pendant 45 minutes, en extérieur, sur les quais de Seine. Je commence par un *footing*, puis j'enchaîne avec des exercices de cardio et du CrossFit®...

.../

/...

Petit-déjeuner

Premier café au bureau avec toute l'équipe en lisant la presse.

Impact

Les bénéfices du matin sont immédiats et instantanés : l'impression d'avoir plus de temps qu'il nous est donné. La vie d'un entrepreneur, ce n'est QUE faire face à des problèmes tous les jours et surmonter des obstacles. Ce sas pour moi avant d'aller travailler, ça me permet d'arriver au bureau avec beaucoup plus de sérénité et d'être capable d'aborder les chocs du quotidien. Plus on arrive avec distance et sérénité, plus on est capable d'affronter sereinement les difficultés. C'est très important ! Parce que toutes les équipes comptent sur moi, sur ma capacité à gérer les soucis et à relever les défis.

Spécial senior : souple et tonique dans sa tête et dans son corps !

DONNÉES : tout le temps du monde pour s'occuper de soi, besoins d'assouplissement, d'équilibre et de stimulation cérébrale
COMPOSITION : exercices physiques, stimulation cérébrale, activités de transmission, reliance, détente et calme mental

« On prend le petit-déjeuner ensemble demain maman ?
– Ah non ma chérie, ce n'est pas possible, j'ai "mon" tai-chi !
– OK maman, et après-demain ?
– Pas possible non plus car j'ai "mon" yoga ! »

Véridique ! Ma petite maman était incroyable… Seule chez elle, ou avec des copines dans son club de seniors, elle enchaînait ses routines prodigieuses du matin tous les jours de la semaine. À 82 ans, elle s'installait sur son petit tapis de gymnastique, et hop, ses exercices de renforcement musculaire, hop ses exercices d'assouplissement et d'équilibre !

En France, « les plus de 60 ans représentent 15 millions de personnes. En 2030, ils seront 20 millions et atteindront 24 millions en 2060 »*…

Et fini les *big, beige and boring* (« gros, beige et ennuyeux »), pour reprendre une expression anglo-saxonne, les seniors d'aujourd'hui sont actifs et sportifs ! Tai-chi, aquagym, vélo, yoga, gymnastique, marche nordique, etc. n'ont plus de secrets pour eux !

* Selon l'Insee, Silver Economy Expo 2014, http://esante.gouv.fr

« Dr Philippe Coucke : “Quand on vieillit, on a tendance à s’essouffler, à prendre du poids et à se raidir. Il est donc bénéfique d’essayer d’améliorer son endurance et sa souplesse. Dans cette optique, la marche à pied, le vélo et la natation sont d’excellents stimulants pour le cœur. Côté souplesse, on peut conseiller la pratique du tai-chi, du yoga et de l’aquagym.” »*

PROGRAMME SPÉCIAL SENIOR
ROUTINES DE JEANNE - 1 H 30

❶ Réveil du corps	Pilates®, yoga, vélo	**20** minutes
❷ Stimulation cérébrale	Lecture, conférence TED, écriture	**30** minutes
❸ Partage des émotions	Écriture de ses mémoires, lettres	**30** minutes
❹ Détente, reliance	Méditation, prières, sophrologie	**10** minutes

* « Quel sport pour les seniors ? », www.allodocteurs.fr, 12 mars 2010, mise à jour 4 janvier 2016.

VOTRE NOUVEAU MEILLEUR AMI : VOTRE JOURNAL DE BORD

Terminons par le commencement : rencontrez votre nouveau compagnon de route, votre JOURNAL DE BORD ! Il a été pensé pour vous accompagner au mieux dans votre voyage, et vous aider à lancer et à piloter vos routines matinales prodigieuses.

Vous pouvez télécharger notre modèle original à l'adresse http://blog.editionsleduc.com/magie-du-matin.html, ou le faire vous-même en customisant un carnet de votre choix !

L'idée ici est d'abord de faire le point sur vous, votre profil, vos aspirations en reprenant les exercices des parties 1 et 2. Ensuite, le journal de bord vous servira d'outil pour ajuster et « noter » vos routines piochées dans la partie 3.

OÙ EN ÊTES-VOUS ?

Avant de vous lancer, prenez le temps d'écrire quelques lignes sur vous, votre situation, votre environnement, vos difficultés, vos galères, vos blocages, etc. Un petit bilan qui vous sera bien utile pour cerner vos envies.

① MA MOTIVATION

À quel point êtes-vous motivé pour vous lever une heure plus tôt que d'habitude ? Évaluez votre motivation sur une échelle de 1 à 10. Souvenez-vous : à moins de 9, pas de démarrage !

Ma motivation............................**/10**

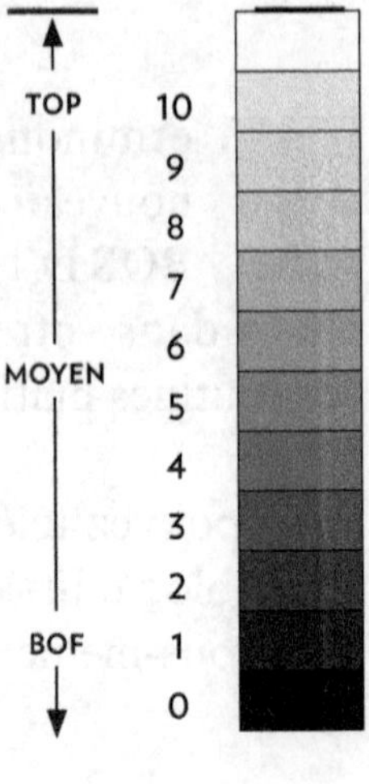

② MON (MES) OBJECTIF(S)

Pourquoi et pour *quoi* souhaitez-vous vous lever plus tôt ? Que voulez-vous atteindre ? Pour rappel, votre objectif doit être :

- spécifique, c'est-à-dire précis, clair et concret ;
- mesurable : on peut facilement évaluer si on l'a atteint ou non ;
- atteignable et réaliste : réalisable dans l'absolu et réalisable ici maintenant ;
- défini dans le temps : avec une durée, un délai, voire une fréquence ;
- planifié : concrètement noté et programmé dans votre agenda !
- enthousiaste et positif : formulez votre objectif positivement. Privilégiez des verbes d'action comme *construire, écrire, lire, maigrir, gagner, méditer, renforcer, classer, planifier, apprendre, partager, rassembler, récupérer*, etc. Évitez les verbes trop vagues comme *connaître, se familiariser avec, comprendre…*

Mon objectif est ....

....

....

....

....

....

....

....

....

....

....

....

③ MES RYTHMES BIOLOGIQUES

Identifiez votre chronotype à l'aide du questionnaire de typologie circadienne de Horne et Östberg reproduit en pages 124-126.

Mon chronotype est ....

....

....

....

....

....

....

....

Pour connaître votre profil, téléchargez sur votre portable des applications comme iSommeil – l'une des seules à être validées par un protocole médical testé dans le Centre du sommeil et de la vigilance à l'Hôtel-Dieu, à Paris –, Sleep Cycle, Science du sommeil ou Matins joyeux. Ou, si vous préférez une version papier, remplissez avec un bon vieux stylo l'agenda de l'Institut national du sommeil et de la vigilance.

De la même façon, cernez **votre profil de dormeur.** Si nous restons sur des statistiques, vous avez besoin d'environ sept à huit heures de sommeil par nuit.

En moyenne, j'ai besoin de .... heures de sommeil.

Mon rythme actuel :
Heure de réveil : ....
Heure du coucher : ....
Durée moyenne de sommeil : ....

Nouveau rythme visé :
Heure de réveil : ....
Heure du coucher : ....
Durée moyenne de sommeil : ....

Conseil : essayez de préserver sept à huit de sommeil par nuit, et rapprochez votre heure de coucher le plus près possible de 22 h. (Entre 22 h et 2 h du matin, le sommeil est plus réparateur.)

④ MES RITUELS DU SOIR

❑ Je baisse l'intensité de la lumière
❑ Je range mes affaires du jour
❑ Je prépare mes affaires pour le lendemain
❑ Je dîne vers…
❑ Je baisse la température de la chambre
❑ Je coupe le wi-fi pour la nuit
❑ Je prie ou je médite…

Conseil : afin de bien dormir, privilégiez des activités légères et non stressantes. Tout ce que vous voyez, écoutez, lisez avant l'heure de votre coucher influence énormément la qualité de votre sommeil. La nuit, votre inconscient travaille et traite toutes les informations de la journée. Alors, pour vos soirées, optez plutôt pour le dernier spectacle de Florence Foresti ou un documentaire sur Arte que des séries comme *Dexter* ou *Esprits criminels* !

⑤ PLANIFICATION

Je programme ma nouvelle heure de réveil dans mon agenda, et j'inscris mes routines par ordre d'exécution.

⑥ MON RITUEL « RÉVEIL DU MATIN »

- Réveil avec musique, alarme, simulateur d'aube :
....
....
- Mon habitude santé (verre d'eau fraîche, citron pressé et eau chaude) :
....
....
- Mon petit-déjeuner forme :
....
....
- Mes cures santé (luminothérapie, oméga-3, etc.) :
....
....

⑦ MES ROUTINES MATINALES PRODIGIEUSES

Les activités que j'ai choisies :

1. ....pendant .... minutes
2. ....pendant .... minutes
3. ....pendant .... minutes
4. ....pendant .... minutes

Conseil : en fonction de vos objectifs, vous pouvez choisir entre une et cinq activités différentes à partir du moment où vous vous accordez le temps nécessaire pour chacune d'entre elles.

⑧ MON PROGRAMME PERSO « ASSORTISSEMENT »

❶ Réveil du corps (*fitness*, *running*, yoga...)	**20** minutes
❷ Réveil des émotions (lecture, écriture...)	**20** minutes
❸ Affirmation (visualisation, intention, organisation...)	**15** minutes
❹ Silence (méditation, prière...)	**5** minutes

⑨ PLANNING ET CHALLENGE

30 jours de victoire personnelle ! Levé(e) à l'heure programmée : cochez chaque jour de victoire ! Un jour sans ? Ne remplissez rien. Laissez la case vide. L'enjeu est d'avoir la suite de croix la plus longue possible.

J1	J2	J3	J4	J5	J6	J7	J8	J9	J10	J11	J12	J13	J14	J15

J16	J17	J18	J19	J20	J21	J22	J23	J24	J25	J26	J27	J28	J29	J30

⑩ MES PARTENAIRES D'ENGAGEMENT

Les personnes qui vont me soutenir dans mon nouveau challenge et m'encourager en cas de perte de vitesse.

....

....

....

....

⑪ MES RÉCOMPENSES

Vous devez célébrer vos victoires ! On le sait tous : nous avons tendance à favoriser les actions pour lesquelles nous allons obtenir le maximum de satisfaction. Question de dopamine et de cercle vertueux. Plus la récompense est proche, plus on produit de la dopamine, plus on est motivé et ainsi de suite… Vive la carotte !

Pour marquer votre satisfaction, vous pouvez :

- ❑ coller des petits *smileys* sur votre agenda
- ❑ noter vos succès quotidiens dans votre journal : trois choses positives chaque jour
- ❑ vous accorder une pause soin (un bon bain moussant, une manucure, un massage…)
- ❑ organiser un apéritif de célébration
- ❑ mijoter un petit dîner
- ❑ vous offrir un cadeau (petit bijou fantaisie, parfum, foulard…)
- ❑ OU inventer votre propre rituel de célébration !

....

....

....

....

LE JOURNAL DES SUCCÈS QUOTIDIENS

Notre cerveau fonctionne à grand renfort de récompenses, alors pour avancer, intégrez une récompense à votre routine matinale. Si, dès le réveil, vous savez que quelque chose que vous aimez vous attend, vous serez davantage motivé à l'idée de quitter votre lit. N'importe quoi pourvu que cela vous fasse plaisir !

Un bon moyen de se récompenser aussi au quotidien est d'identifier, chaque soir, vos cinq petits ou grands succès de la journée : accomplissement personnel ou professionnel, peu importe ! Si vous voulez développez plus, écrivez pourquoi ce succès a du sens pour vous, en quoi il est important, etc. Puis, essayez de trouver des pistes pour aller encore plus loin. Exemple, votre succès du jour est d'avoir couru pendant 30 minutes ? Peut-être pourrez-vous courir 5 minutes de plus demain ? Cela vous apprend à porter un regard bienveillant sur vous, vous renforce dans une attitude positive et crée une petite dynamique de dépassement de soi.

⑫ MES SUCCÈS, SOLEILS ET MERCIS QUOTIDIENS

Remplissez votre petit carnet de vos 3 succès, vos 3 soleils et vos 3 mercis quotidiens.

Succès 1 ....

Succès 2 ....

Succès 3 ....

Soleil 1 ....

Soleil 2 ....

Soleil 3 ....

Merci 1..
Merci 2..
Merci 3..

⑬ MES BILANS

Points de contrôle sur mes nouvelles habitudes, à remplir en fin de première, deuxième et troisième semaines.

Premiers bénéfices ressentis :

Exemples : Je me sens plus dynamique / plus zen / plus ferme. J'arrive davantage à l'heure. Je m'organise mieux…

....
....
....
....
....
....

Idées d'amélioration de ma (mes) routine(s) :

Exemples : Rallonger ou réduire le temps d'une routine. En inclure une nouvelle…

....
....
....
....
....
....

Astuces et clefs de succès :
Exemples : Je prépare mon tapis et mes affaires de yoga avant de me coucher. Je regarde une photo « positive » en lien avec mes routines chaque soir avant de dormir…

....

....

....

....

Vous êtes prêt ? Paré pour de nouvelles aventures matinales ?

The end

Mon nouveau moi

#TempsPourSoi

Une heure plus tôt et tout a changé : je suis un nouveau MOI ! Passée de l'« autre coté », dans un autre monde. Je suis devenue une lève-tôt, un *early bird*, une « morningophile ». Et jamais je ne retournerai en arrière ! La fin du voyage ? Non, le début d'une nouvelle vie, le premier jour du reste de ma vie.

Connaissez-vous le « voyage du héros » ? C'est une théorie émise par Joseph Campbell, professeur, anthropologue, écrivain et « mythologue » reconnu. Selon lui, tous les mythes auraient une trame commune, une seule et même base. Il en a écrit un livre, *Le héros aux mille visages**, qui a révolutionné l'univers du cinéma. *Star Wars*, *Matrix*, *Titanic*, *Le Roi Lion*, *Le Seigneur des anneaux*… tous ces succès du box-office ont été inspirés par cette « théorie du monomythe ».

Quel rapport avec ce livre me diriez-vous ? Et bien, le « héros », c'est vous, c'est moi ; le « voyage », l'incroyable processus de transformation pour devenir une « Jedi de l'aurore ». Un processus avec des étapes bien définies**, et par lesquelles vous allez passer vous aussi ! Autant prendre des notes…

---

* J'ai lu, 2013. Théorie reprise par Christopher Vogler dans son fameux *Guide du scénariste* (2007 ; dernière édition française, Dixit, 2013).

** J'ai pris la liberté de simplifier la théorie en 9 étapes clefs.

ÉTAPE 1 : LE MONDE ORDINAIRE

C'est le « monde d'avant », celui dans lequel vit le héros, sa personnalité, son fonctionnement – avec ses dysfonctionnements –, ses amis, etc.

Mon monde originel à moi, c'était la couette vers minuit, voire 1 h du matin, et un réveil trois-quarts d'heure avant de quitter la maison. Autant dire, le *rush* et la frustration pour le reste de l'année, parce que, bien évidemment, je passais mon temps à me plaindre en rêvant de cette fameuse vingt-cinquième heure qui aurait miraculeusement pu tout faire rentrer dans mon agenda !

À VOUS !

D'où partez-vous ? Quel est votre « monde ordinaire » ? Prenez le temps d'écrire quelques lignes dans votre journal de bord sur vous, votre situation, votre environnement, vos difficultés, vos galères, vos blocages, etc.

ÉTAPE 2 : L'APPEL DE L'AVENTURE

***Toc toc toc*, l'aventure frappe à la porte du héros.**

Dans mon histoire, cet appel est une conjonction d'événements, alternant grand bonheur – un mariage – et grands malheurs – deux enterrements. Année chaotique avec des deuils lourds et l'annonce d'une maladie chronique relativement sérieuse pour l'un de mes enfants. Petit à petit, notre petite famille a essayé de reprendre doucement le cours de sa vie en réintégrant un certain rythme et des semblants d'habitudes. J'ai réinstallé un petit créneau de temps calme pour moi afin d'écrire un livre sur les femmes que je porte depuis très longtemps. Pendant quelques petits mois, je me suis fait une joie de retrouver Karen Blixen, Sarah Bernhardt et toutes les autres… et j'ai frôlé la merveilleuse sensation du plaisir à répétition de nos rendez-vous réguliers. Quelque chose reprenait forme et reprenait vie.

Puis *toc toc toc*. Le destin a frappé à nouveau. Ma petite maman, si énergique et si forte, a dû rentrer en urgence à l'hôpital. Tout a volé en éclats et, bien évidemment elle est devenue ma priorité. Entre mes visites à l'hôpital, les nombreux examens pour lesquels je l'accompagnais, les rendez-vous clients, les interviews, les travaux de l'appartement, les obligations familiales… l'emploi du temps est redevenu un vrai casse-tête. Épuisée, stressée, je suis arrivée un jour auprès d'elle avec la grise mine et le regard triste qui forcément la contrariaient beaucoup. Ce jour-là, elle qui ne voulait jamais « pesée » sur la vie des autres, m'a regardée avec un petit air espiègle et, ma main dans la sienne, m'a dit ces fameux mots qui résonnent encore en moi : « À qui se lève matin, la vie aide et prête main. »

> **« *Levé + matin = vie + main* »**

Cette main qui encourage, qui tire vers le haut quand on est au plus bas, cette main qui fait, réalise, crée et bâtit son propre monde, cette main qui donne, relie et transmet… Peut-être était-il temps ? Ces douces paroles au parfum de fin de vie prenaient des allures de sagesse. « Le monde sourit à ceux qui se lèvent tôt, ma chérie ! C'est vieux comme le monde. »

À VOUS !

Quel est votre appel de l'aventure ? Un événement ? Un livre ? Un article ? Une rencontre ? Un changement de situation ? Un projet ? Qu'est-ce qui frappe à la porte de votre vie actuellement ?

ÉTAPE 3 :
LE REFUS DE L'AVENTURE

Le héros n'est pas encore tout à fait prêt à accepter l'aventure.

J'ai résisté à cet appel avec d'excellents contre-arguments ! « Se lever plus tôt n'est pas forcément bien pour tout le monde », « on a besoin de beaucoup d'heures de sommeil pour aller bien », « c'est une question de nature, on ne peut pas aller contre en le décidant d'un claquement de doigts ! », « changer n'est pas facile », « maintenant il est trop tard », « je n'y arriverai jamais, c'est trop dur », « je ne suis pas capable »…

Jusqu'à alors, j'avais organisé ma vie de « travailleuse indépendante » de façon à ne jamais avoir à me lever trop tôt… et éviter la routine, justement ! L'insécurité en était le prix, mais je préférais me sentir maître de mon temps. Enfin, c'était ce que je croyais... car, en fait, mes arguments n'étaient que des résistances et des croyances limitantes comme on les appelle communément, basées sur… Sur ? Un postulat de départ auquel on croit dur comme fer, une vérité absolue, souvent inconsciente, mais totalement obsolète.

À VOUS !

Quels sont vos freins ? Qu'est-ce qui vous empêche, ou pourrait vous empêcher, de franchir le pas ? Prenez le temps d'écrire votre liste des « contre » et voyez ce qui vient. Je fais le pari avec vous qu'il s'agit également de croyances limitantes.

ÉTAPE 4 : LE MENTOR

Une personne extérieure va donner au héros le coup de pouce qui va lui permettre d'avancer.

Dans mon histoire, il y a trois mentors (il fallait au moins cela pour réussir à me lever aux aurores !). On les a déjà vus ensemble : mon homme, véritable James Bond du matin, qui a su très tôt SE DONNER du temps ; le petit écureuil, roi de l'ANTICIPATION, avec sa fameuse provision de nourriture bien cachée et à portée de main (de patte !) ; enfin, les nombreux héros du quotidien de 365Mornings, vingt ans d'interrogation et d'amour autour du matin, et sur le sens que l'on donne à sa vie.

Puis, un soir, je me suis dit : « POURQUOI PAS MOI ? » Si certains y arrivent et y trouvent leur compte, pourquoi pas moi ? Entre l'hôpital et le bureau, pas d'autres solutions pour maintenir le cap de mon rêve : écrire. Et puis, c'est très facile à installer puisqu'**avancer son réveil d'une heure ne bouscule absolument rien dans notre agenda !!** (dixit Christophe Fauré).

À VOUS !

Observez, regardez autour de vous, il y a forcément un ou des « mentors » dans votre vie, des personnes qui pourraient vous guider et vous soutenir. Cela peut être un(e) ami(e) qui vous énerve un peu d'ailleurs parce qu'il (elle) sait le faire depuis longtemps. Ou peut-être une personnalité que vous aimez bien et qui vous inspire ?

ÉTAPE 5 :
LE PASSAGE

Le héros décide d'entrer dans le Nouveau Monde.

Juste 60 minutes : un petit effort pour de grands changements ! Il n'était pas question de me lever à 6 h du matin juste pour le plaisir d'être levée avant le soleil ou de « travailler plus »… mais bien pour me donner un vrai-temps-de-moi-à-moi pour réaliser mon grand rêve : ÉCRIRE ! Objectif clair mesurable et précis. Petite astuce qui a aussi fait une différence la première fois que j'ai programmé mon réveil à 6 h : j'ai fait « comme si ». Je me suis tout de suite mise dans la peau d'une lève-tôt, avec mental, enthousiasme et « habit » adéquat, « comme si » je l'avais toujours été. L'auto-persuasion, ça aide ! Faites « comme si » vous aussi !

À VOUS !

Quelles premières routines avez-vous spontanément envie de mettre en place pour vos rendez-vous prodigieux ?

Faites « comme si » !
L'auto-persuasion, ça aide !

ÉTAPE 6 : TESTS ET DÉCOUVERTE

Le héros est entré dans un nouveau monde dont il ignore les règles. Il doit donc faire des tests pour découvrir qui sont ses alliés et ses ennemis…

C'est précisément à cette étape que j'ai commencé mon enquête auprès d'experts et de personnes « savantes » : Nicolas Truong sur la question du sens de la vie, Gonzague de Larocque sur celle du changement, Aurélie Meyer-Mazel sur notre capacité à pouvoir nous lever plus tôt le matin et le bien-fondé de la démarche, Pascal Sartor sur l'aspect plus pratique de la bonne définition d'un objectif… Puis j'ai repris mes notes d'interviews et effectué des recherches sur les diverses stratégies et astuces pour réussir à se lever tôt.

> *Une énorme affiche : « 6h : rendez-vous avec MOI ! »*

Méthode progressive ou grand bain direct ? Pour certains, le conditionnement est nécessaire et l'adaptation doit se faire jour après jour. Pour moi, ça a été 6 h du mat' direct sur le pont ! Avec une énorme affiche « 6 h : rendez-vous avec MOI ! » scotchée sur le mur de ma chambre. Histoire de toujours garder mon objectif sous les yeux !

ASTUCES TESTÉES POUR S'EXTRAIRE DU LIT

Le plus classique
Placer le réveil le plus loin possible du lit.

Le plus convivial
L'appel téléphonique d'un(e) lève-tôt de notre entourage.

Le plus militaire
L'application Alarmy qui déclenche une sonnerie qui ne s'arrête pas tant que nous n'avons, au choix, soit pris la même photo affichée, identique à celle déjà enregistrée dans notre portable, soit secoué notre portable un certain nombre de fois (de 5 à 95 fois !) ou bien encore résolu un certain nombre de problèmes mathématiques ! Moi je n'ai jamais essayé, mais un jeune homme talentueux qui travaille avec moi, Dorian, a opté pour le calcul mental. Pour lui, c'est un bon moyen de réveiller son cerveau et de finir par la même occasion par être assez calé... Notez que la difficulté des problèmes est ajustable !

Le plus casse-pieds
Le tapis-réveil qui ne s'arrête pas de sonner tant que vos deux pieds ne sont pas posés dessus pendant au moins trois secondes.

.../

/...

Le plus basique

La pleine lumière et les rideaux grands ouverts.

Le plus sain

Un grand verre d'eau posé la veille sur la table de chevet.

Le plus félin

Technique du chat : se frotter les yeux, s'étirer, et activer chaque membre de son corps...

Idée plus

Faire des répétitions comme un comédien ou un athlète. Il faut répéter, répéter, répéter pour que notre réveil devienne un mécanisme implacable et précis. Pour cela, lorsque nous avons 15 minutes devant nous, le week-end, recréons les conditions de notre coucher. Allongé, on met notre réveil à sonner dans 3 minutes. Lorsque le réveil sonne, hop, on se lève sans réfléchir et on quitte la pièce ! En répétant cette opération quatre ou cinq fois de suite, une fois par semaine, nous aurons complètement intégré le réveil comme un mouvement mécanique ! L'inspiration la plus élémentaire pour se lever m'a été confiée par une jeune gendarmette : « Le réveil sonne. Je me fiche de l'heure qu'il est, je ne regarde même pas mon portable, je me moque d'être fatiguée ou pas, ou de la journée qui m'attend, semaine, week-end ou congé... Je saute du lit. C'est tout. Je me mets sur mes deux pieds et je fais mon lit pour ne pas y retourner. »

La sonnerie du réveil est LE moment décisif ! Peu importe la veille, peu importe la nuit, tout cela ne compte plus. Aujourd'hui est un jour nouveau et, quoi qu'il arrive, nous allons nous lever !

Vie sociale en suspens ? En me levant plus tôt, j'ai eu naturellement tendance à me coucher plus tôt, comme mon homme. Bien sûr, il a été nécessaire d'adapter certaines habitudes, comme les sorties ou les dîners entre amis avec la question de nos priorités en toile de fond. Mais cette nouvelle attitude matinale ne nous a pas condamnés à nous enfermer dans une tour d'ivoire. L'essentiel ? Être en accord avec soi-même. Et nos amis sont aujourd'hui ravis de dîner plus tôt pour être frais et dispos le lendemain !

À VOUS !

Faites vos propres découvertes, vos essais, votre enquête. Testez ce qui vous convient le mieux, expérimentez, tâtonnez... Écoutez-vous, amusez-vous et profitez de vous. Tout changement est un chemin vers la connaissance de soi. Il n'y a que vous qui sachiez ce qui est bon pour vous.

> *Bonheur = bien-être + conscience*
>
> **Christophe André**

ÉTAPE 7 : LA RÉCOMPENSE

Le héros a passé l'épreuve avec succès et reçoit en récompense un objet ou une compétence.

Dès la mise en place de mes premières routines (rituel de la bougie, *running*, thé, écriture), que j'ai complétées par la suite (jus de citron chaud, option *fitness* en cas de pluie, petite séance de méditation), j'ai ressenti une énorme SATISFACTION et une grande FIERTÉ ! Et ce « cadeau » a été alors évident : se lever aux aurores parce qu'on a rendez-vous avec soi est tout simplement JOUISSIF !

À VOUS !

Et vous, quelle récompense souhaiteriez-vous recevoir ?

ÉTAPE 8 : LA RÉSURRECTION OU L'AFFRONTEMENT FINAL

Le héros peut vivre ou mourir.

Lu quelque part : « Le premier pas vers la victoire, c'est de se fixer des buts ; le deuxième, de passer à l'action ; le troisième, de rencontrer le défi. » Inévitablement, un jour, nous rencontrons un obstacle, une adversité, un ras-le-bol, une envie d'abandonner…

Dans mes premières routines, je courais indirectement pour offrir à ma mère une énergie de vie qui la quittait. Les matins de maman étaient comptés. Je courais avec et pour elle, parfois avec FaceTime pour qu'elle puisse voir le « dehors », la ville, la vie ; moi, pour ne pas craquer, elle, pour faire de ses derniers jours des jours heureux et joyeux, portés à la fois par l'espoir et par la paradoxale acceptation de sa fin proche. Mon homme m'accompagnait souvent, on courait ensemble, on se prenait en *selfie*, larges sourires à chaque petite étape, Moulin rouge, parc Monceau, Étoile… On lui envoyait les photos. C'était ses petits cadeaux du matin quand elle ouvrait son téléphone. Elle en était heureuse. Et moi aussi.

Quand elle est partie, même si courir le matin n'était pas une nouvelle habitude, tout ce que j'avais mis en place s'est écroulé. La force que j'avais pour elle, je ne l'avais plus pour moi. Cette fameuse motivation extrinsèque… Au-delà de mon processus de deuil, je devais récupérer « quelque chose ». Je l'entends encore me dire : « Chacun sa vie, ma chérie ! La vie continue, il va falloir que vous soyez forts. »

Au cours d'une conversation avec mon grand ami de toujours Christophe Fauré, psychiatre, j'ai appris qu'il existe un effet très connu dans tout changement : l'effet *relapse*.

Il m'expliqua alors : « Dans tout processus de changement, nous rencontrons forcément parfois des hauts et des bas, voire des ras-le-bol et des retours en arrière. Ce n'est pas grave SI cela t'arrive, mais il faut savoir QUAND cela va t'arriver… parce que c'est inévitable ! C'est même étudié : on l'appelle l'effet *relapse*. Pour tout changement d'habitude, y compris celle de se lever plus tôt, il faut savoir qu'il y aura un démarrage avec une grande motivation et de nombreux levers en fanfare comme on les avait imaginés, puis, à un moment donné, il y aura un "je n'en peux plus… je n'arrive plus à me lever… zut, j'ai dérapé, c'est foutu !" On se lèvera à 7 h, on se décevra, on se dira qu'on n'arrive pas à tenir nos engagements… Tout cela est normal ! Quand on change un comportement et qu'on le pousse en force, il y a toujours un *relapse* à un moment donné. Comment on le gère ? Nous devons toujours voir au-delà de ce *relapse* et réexaminer notre situation : objectif trop ambitieux, indéterminé ou extérieur à soi ? En réajustant, nous apprenons de l'expérience et de "l'échec". On marche, on tombe, on se relève, on comprend pourquoi on est tombé, et on repart nourri d'une plus forte motivation. *In fine*, nous devenons donc plus matures sur ce qui s'est passé et plus conscients sur le fondement de notre engagement. C'est presque incontournable et presque nécessaire… »

« On marche, on tombe, on se relève »… Une phrase qui résonna en écho quelque temps plus tard – la vie et ses bons *timings* – lorsque j'ai réalisé l'interview de Sébastien Henry, accompagnateur de dirigeants « qui souhaitent construire un pont entre sagesse et *business* », et auteur de *Quand les décideurs s'inspirent des moines**. À la question du comment gérer le *down* et la baisse de motivation, celui-ci m'a répondu : « Nos amis les moines sont une vraie source d'inspiration. Ils se définissent eux-mêmes comme "un homme qui tombe et se relève, qui tombe et se relève, qui tombe et se relève, encore et encore…" Avoir un rituel, c'est savoir qu'à un moment donné, on va "échouer". Mais ce n'est pas vraiment échouer. Parfois on trébuche, on tombe un peu en dessous de son idéal, ou carrément loin de ce qu'on voudrait être… mais on se relève toujours, on repart, et on continue le chemin. Et puis, il faut avoir de la tendresse envers soi-même. On est très attachés à la performance individuelle, mais c'est très important d'avoir de la tendresse envers soi-même. Quand on est en situation d'échec, on peut se dire qu'on a fait de son mieux, et ce n'est pas incompatible avec un idéal fort. Bien au contraire ! En situation d'échec, si on arrive à cultiver de la tendresse envers soi-même, ça nous permet d'installer un idéal encore plus haut

* Dunod, 2012.

et fort ! Et plus l'idéal est haut et fort, plus on a de chances de passer sous la barre ! »

La connaissance de l'effet *relapse*, additionnée à la définition du moine et à l'idée de tendresse envers soi-même, m'a permis de réintégrer progressivement (au-delà de mon deuil) ma motivation. Celle-ci s'est finalement « ancrée » un matin de façon inédite : une musique de tambours chamaniques m'a fait revivre un souvenir fort et heureux. Depuis, à chaque fois que je souhaite me placer dans cet état interne de confiance joyeuse et spacieuse, je respire un bon coup, j'écoute ces tambours, un sourire m'envahit, et c'est parti ! Cet ancrage est devenu ma madeleine de Proust.

À VOUS !

Vous allez forcément connaître un effet *relapse*, un matin sans envie qui va peut-être vous amener à vouloir tout arrêter. C'EST NORMAL ! À vous, ensuite, de comprendre ce qui se passe en vous : objectif trop ambitieux ou peu clair, motivation fragile, mauvais choix de routines… À vous d'analyser, de comprendre, de réajuster et de remonter en selle ! Souvenez-vous, ce qui prend le relais après l'enthousiasme de la motivation, c'est la volonté. Donc hop hop hop !

> *« 3 facteurs qui influencent notre niveau de bien-être subjectif :*
> *Prédispositions – 50 %*
> *Activités intentionnelles – 40 %*
> *Circonstances et environnement – 10 % »*

ÉTAPE 9 : L'ÉLIXIR

Le héros célèbre sa victoire et partage avec le monde sa nouvelle connaissance.

J'ai fini mon livre ! J'y suis arrivée ! Et aujourd'hui je peux partager avec vous mon histoire de transformation. Vous aurez, vous aussi, de multiples et innombrables histoires à vivre et à partager. Toutes ces expériences nouvelles vous feront passer dans un monde inconnu et, à ce titre, mieux vaut baliser le chemin, non ? Le « voyage du héros » est très utile à connaître car il nous apprend que, finalement, tout ce que nous traversons, obstacle, baisse de motivation, doute, errance… est tout à fait normal. Il ne va pas faire disparaître la brume, mais il est un GPS supplémentaire qui nous donne des repères, qui nous permet de moins nous décourager et nous aide à nous en sortir plus sereinement. On tient bon ! La fin heureuse n'est pas loin.

À VOUS !

Votre chemin personnel reste à parcourir, mais ce chemin est maintenant balisé. Alors si vous vous demandez un jour où vous en êtes, référez-vous au voyage du héros, et voyez à quelle étape vous vous situez. N'oubliez jamais : à la fin du voyage, il y a VOUS !

Quand ma petite maman commençait à partir pour son dernier voyage, et alors que j'étais dans la rue, une petite plume blanche est descendue du ciel, comme venant de nulle part, pour finir par se lover à mes pieds. J'ai regardé le ciel pour essayer de comprendre d'où elle pouvait venir, en vain. Aucun oiseau à l'horizon, pas la moindre brise. À travers sa danse légère et délicate, j'ai ressenti comme une curieuse et dernière caresse qui me disait au revoir, un dernier baiser qui me disait « tout ira bien, je te protège, je t'aime »… Je l'ai ramassée et mis précieusement dans le livre qui m'accompagnait le temps de revenir à l'hôpital au plus vite et d'embrasser maman une dernière fois. Cette plume, c'était un cadeau du ciel, son dernier clin d'œil. Son ultime et douce invitation à réaliser mon grand rêve d'enfant : écrire.

Nous avons tous un projet dormant au fond de nous que l'on aimerait voir ranimé un jour. Se lever plus tôt, n'est pas une histoire de réveil pour faire plus ou travailler plus. C'est une histoire de rencontre de sa propre singularité. La magie du matin, c'est de savoir profiter de ce premier moment de la journée, de ce temps sacré, hors-jeu, pour faire des choses pour SOI, pour ses projets, ses envies et ses désirs.

Tout est déjà là. Il faut juste le voir et se l'approprier. Nous sommes tous l'héroïne ou le héros de notre propre vie. Alors, à vous de jouer maintenant et bon voyage !

« Matin » : du latin *matutinum*, « le temps du matin »,
lui-même dérivé du mot *mater*, « mère ».
Pour tous ces matins.
Merci maman.

Rejoignez-moi !

Suivez mes aventures matinales
sur ma page Facebook® La MAGIE du MATIN,
mon compte Instagram® #magiedumatin,
et sur YouTube® La MAGIE du MATIN,
et partagez avec moi – et le monde entier ! – vos astuces
et routines quotidiennes.
La communauté des *early birds* s'agrandit
jour après jour… on vous attend !

REMERCIEMENTS

#merci

Stéphane, mon homme, mon grand amour,
Alexis et Anastasia-Lou, mes deux grands amours,
Liz, *my English sister* de cœur,
Christophe, Gillou, Calou, Alexandre, Benoît, Soizic, mes frères et mes sœurs de cœur,
Tous mes amis si précieux,
Les petits Koalas, Jeremy, Julien et Marie,
Frédéric et Géraldine. Ils savent,
Olivier, mon associé de choc,
Dorian, mon *partner* de choc,
Mes bonnes fées « d'avant », Frédéric S., Stéphane R. et Martin A.

Manouska et papa.

Un énorme *special thanks* pour Marc Levy.

Des énormes mercis aussi pour Michel Cymes,
Christophe André,
Gonzague de Larocque,
Nicolas Truong,
Pascal Sartor,
Aurélie Meyer-Mazel.

Tous ceux et celles qui ont eu la gentillesse de me parler de la magie de leurs matins :
Élisabeth Borne,
Benjamin Cardoso,
Anne Hidalgo,
Ludovic Huraux,
Chantal Jouanno,
Christine Lewicki,
Delphine Plisson,
Delphine Remy-Boutang,
Leslie Sawicka.

Fabien, mon kiné-ostéopathe pour ses précieux conseils,
Dr Christophe Cousin pour sa relecture bienveillante,
Stéphane Roger pour son *TED eye.*

Pascale Senk, ma bonne fée,
Liza, ma douce éditrice,
Manuella, Karine et toute l'équipe énergique des Éditions Leduc.s

Et puis, Courcouronnes ! Bénévoles, jeunes, moins jeunes, élus, etc. Toutes celles et ceux que je rencontre qui me bluffent et font battre le cœur de Courcouronnes : « Seul on va plus vite, ensemble on va plus loin. »

Photo : bravo à Olivier Desaleux pour son talent.
Illustrations : et bravo à Sung Oh pour sa jolie créativité.

Bref, merci au monde entier de m'avoir permis de vivre la prodigieuse MAGIE DU MATIN !

TÉLÉCHARGEZ :

- Votre journal de bord pour mettre en place votre programme et suivre vos nouvelles routines au quotidien
- Des idées de petits-déjeuners pour commencer la journée avec le maximum d'énergie !

Rendez-vous vite sur la page :

http://blog.editionsleduc.com/magie-du-matin.html

ou scannez ce code

Pour scanner le QR code avec votre téléphone ou votre tablette, téléchargez sur votre magasin d'applications mobiles (App Store, Android market, etc.) une application permettant de lire les QR codes. Lancez l'application et visez le QR code avec l'appareil photo de votre téléphone mobile. L'application reconnaît automatiquement le QR code et vous permet de voir son contenu sur votre écran.

Vous pouvez également accéder au contenu via le lien indiqué, il vous suffira pour cela de taper ce lien directement dans la barre de recherche de votre navigateur Internet.

Imprimé en France par CPI Bussière en mars 2016 – N° d'impression : 2022169
Dépôt légal : avril 2016